卡耐基
教你如何说话全集

[美] 戴尔·卡耐基 ◎ 著
张艳玲 ◎ 编译

中南出版传媒集团
民主与建设出版社

图书在版编目（CIP）数据

卡耐基教你如何说话全集 /（美）戴尔·卡耐基著；张艳玲编译. — 北京：民主与建设出版社，2017.12

ISBN 978-7-5139-1802-2

Ⅰ.①卡… Ⅱ.①戴…②张… Ⅲ.①口才学 – 通俗读物 Ⅳ.①H019-49

中国版本图书馆CIP数据核字（2017）第278602号

©民主与建设出版社，2017

卡耐基教你如何说话全集
KANAIJI JIAONI RUHESHUOHUA QUANJI

| 出 版 人：许久文
| 著　　者：（美）戴尔·卡耐基
| 编　　译：张艳玲
| 责任编辑：刘　艳
| 出版发行：民主与建设出版社有限责任公司
| 地　　址：北京市海淀区西三环中路10号望海楼E座7层
| 电　　话：010-59419778　59417747
| 印　　刷：三河市天润建兴印务有限公司
| 开　　本：710mm×1000mm　1/16
| 字　　数：130千字
| 印　　张：17
| 版　　次：2018年1月第1版　2018年1月第1次印刷
| 标准书号：ISBN 978-7-5139-1802-2
| 定　　价：39.80元

注：如有印、装质量问题，请与出版社联系。

前 言
PREFACE

从来没有哪一个时代的人们像今天这样如此的重视"成功","成功"成为这个时代被使用最频繁的字眼之一。那么,什么是成功?成功当指成就功业或达到预期的结果。成功当有两个方面的含义:一是个人的价值得到社会的承认,并被赋予相应的酬谢,如金钱、房屋、地位、尊重等;二是自己承认自己的价值,从而充满自信,并得到幸福感、成就感。成功的含义是丰富的,可惜,在这个时代,很多人过于强调前一种含义,而忽略了后一种意义。而只有造福于社会,获得社会的承认,赢得他人的尊重,才称得上是真正的成功。

事实上,成功是一种积极的心态,是每个人实现自己的理想后,自然而然地产生的一种自信和满足心态。

成功学的历史很短,只有100多年。这门学科以社会中各种成功现象为研究对象,从中发现规律,并指导人们走上成功之路。当然,成功没有捷径,但是,有了成功学的指导,有志于成功的人士可以少走弯路。这也是自成功学诞生100多年来,一直受到人们关注的原因。

戴尔·卡耐基(DaleCarnegie, 1888—1955),美国著名的心理学家和人际关系学家,20世纪最伟大的人生导师。他

前 言
PREFACE

一生从事过教师、推销员和演员等职业，这些职业对他以后的事业都有很大的影响。

卡耐基认为，从事有意义的工作，过自己喜欢的生活比赚钱更重要。于是，他在大学时代就开始进行演讲方面的训练，这些训练使他克服了自卑和怯懦，在与不同的人打交道时，他也格外有勇气，有信心。正是在现实中，他认识到人际交往在一个人的一生中有多么重要，他认为，一个人的成功有15%是由于他的技术专长，而85%是靠良好的人际关系和为人处世的能力。经过多年的研究考察，他最终总结出一套独特的融演讲、推销、为人处世、智能开发于一体的成人教育方式。这种方式得到人们的认可，并且不断完善。他开创的"人际关系训练班"遍布世界各地，对数以百万计的人产生了深远的影响。其中不仅有社会名流、军政要员，甚至还包括几位美国总统。

哈佛大学著名心理学家与哲学家威廉·詹姆斯教授说："与我们应取得的成就相比，我们只不过是半醒着，我们只利用了身心资源的一部分。卡耐基因为帮助职业男女开发他们蕴藏的潜能，在成人教育中开创了一种风靡全球的运动。"

卡耐基一生中写作了《语言的突破》《人性的光辉》

前 言
PREFACE

《人性的弱点》《人性的优点》《美好的人生》《伟大的人物》《快乐的人生》等多部著作，其中《人性的弱点》一书，是继《圣经》之后世界出版史上又一畅销书。这些著作是卡耐基成人教育实践的结晶，他的思想影响了世界上无数人的生命历程。

《语言的突破》是根据卡耐基的培训材料整理而成的，是卡耐基的重要著作，他教给人们怎样克服恐惧，建立自信，使人们能够顺其自然地发挥自己潜在的能力，能在各种场合发表恰当的见解，表达观点，赢得人们的赞誉。在卡耐基看来，良好的口才、融洽的人际关系、积极的心态是取得事业成功和人生幸福的重要因素。一个有口才的人，具有卓越演讲才能的人能够鹤立鸡群，提前迎来人生和事业的成功。

在本书中，这位成功学大师告诉我们，一个人只要有充分的信心，心中有一股热切的意念，就一定能在大众面前作成功的演讲。要取得语言的突破，最重要的就是克服恐惧，建立自信。其实，不仅是演讲，做别的事情也一样，只要你克服恐惧，用足够的信心去做，就一定会成功，不是吗？也许这也是卡耐基教给我们的更深层的人生哲学。

目录
CONTENTS

第一章
怎样才能实现成功的演讲

001
- 01 人人都渴望成为演讲家 / 002
- 02 学习他人的经验 / 005
- 03 时刻不忘自己将要达成的目标 / 012
- 04 下定决心一定要成功 / 017
- 05 把握每一次练习演讲的机会 / 021

第二章
增强自信心是实现成功演讲的前提

025
- 01 人人都有恐惧的心理 / 026
- 02 无需通篇背诵 / 032
- 03 给自己成功的暗示 / 036
- 04 表现得信心十足 / 040

第三章

成功演讲并不难

045 | 01 从切身体会谈起更容易引起共鸣 / 046
02 对自己的主题真情流露并充满热情 / 052
03 让听众产生共鸣 / 056

第四章

做好演讲前的准备工作

059 | 01 为何大学教授说不过小摊贩 / 060
02 给演讲划定一个范围 / 063
03 多做积累,有备无患 / 065
04 尽量使用描述和例证 / 069
05 多用具体、耳熟能详的字眼 / 081

第五章

为你的演讲赋予生命力

089 | 01 生命力是演讲的灵魂 / 090
02 选择自己熟悉的主题 / 092
03 让情景重现 / 098
04 尽量轻松、热烈 / 101

第六章

与听众一起感受自己的演讲

105

01 依听众的兴趣演讲 / 106

02 诚心诚意地赞赏听众 / 112

03 与听众融为一体 / 116

04 让听众参与你的演讲 / 121

05 放低你的姿态 / 124

第七章

简短的演讲激起良好的回应

129

01 一个简单的"魔术公式" / 130

02 以自己生活中的事例来说明 / 139

03 指出问题的关键，直接向听众提出请求 / 145

04 给出理由和听众付诸行动的好处 / 148

第八章

向听众说明情况的演讲

151

01 清楚地陈述和表达 / 152

02 限制题材，以配合特定的时间 / 155

03 概念条理清楚 / 159

04 依次说出自己的要点 / 161

05 用大家熟悉的观念阐述新的观念 / 164

06 运用视觉效果 / 169

第九章

即席演讲的方法

173

01 练习即席演讲 / 174

02 随时做好发表即席演讲的心理准备 / 179

03 马上举出事例 / 182

04 充满情感和力量 / 184

05 适宜的原则 / 186

06 即席演讲不等于即席乱讲 / 189

第十章

如何准备长篇演讲

191

01 周全的准备是必须的 / 192

02 有吸引力的开场白 / 194

03 避免受到不利的注意 / 209

04 支持主要观点 / 215

第十一章
结尾一定要迎来高潮

223

01 总结你的观点 / 224

02 请求采取行动 / 226

03 简洁而真诚的赞扬 / 228

04 幽默的结尾 / 229

05 以一首名人的诗句结束 / 231

06 意犹未尽的高潮 / 234

第十二章
增强记忆的天然法则

239

01 记忆法则之一：加深印象 / 240

02 记忆法则之二：重复 / 248

03 记忆法则之三：联想 / 251

第一章
怎样才能实现成功的演讲

当众开口，思维敏捷，口若悬河，是使他人心悦诚服的能力，更是一种演讲的艺术。世上没有天生的演讲家，首先自己要有信心，相信自己一定行。

01 人人都渴望
　　成为演讲家

　　从1912年起，也就是"泰坦尼克号"邮轮在北大西洋冰海沉没的那一年，我就开始设班教授当众演讲的课程。

　　我演讲课程的第一堂课是示范表演，我先请一些学员上台讲一讲自己来上课的原因，以及自己期望从这种训练中学到些什么。他们当然是人各一词，众说纷纭，但令人诧异的是，大多数人的原因和基本需求却如出一辙："面对众人讲话时，我就会浑身不自在，总是担心自己说错话，这使我不能集中精力思考，不能清晰地表达自己的想法，甚至都不知道自己究竟在说些什么。我希望通过在这里的学习能增强自信，能随心所欲地思考问题，有逻辑地归纳自己的思想，并能泰然自若地当众站起来演讲，在商场或社交场合侃侃而谈，思路清晰又令人信服。"

　　这番话你听起来是不是很耳熟？你是不是也曾有过这种感觉？你是否也曾希望自己口若悬河、侃侃而谈、令人信服？即使花再多的钱也愿意。现在你正打开此书，说明你也同样希望获得成功演讲的能力。

第一章
怎样才能实现成功的演讲

我知道你想说什么,如果你有跟我说话的机会,我想你一定会问:"卡耐基先生,你真的认为我能培养出自信,面对众人口齿流利、条理清晰地和他们讲话吗?"

我花费几乎一生的时间帮助人们建立自信、克服恐惧,在参加培训的学员中,很多人的身上都发生了奇迹。那些故事足以让我写很多书。因此,对于你的提问,我的回答是,如果你按照书里的建议去做,勤加练习,你一定就能做得到。

为什么当你站在众人面前时就不能像你坐着时那样,可以清楚地思考?为什么你一站在公众面前讲话,就浑身发抖、声音发颤?当然,你已经意识到,只要通过指导和练习,你就可以逐步改善面对听众时的恐惧

感，从而变得泰然镇定、自信、健谈。

本书不是普通的教科书，书中没有罗列一条条教你说话的规则，也没有教你如何发音、断句，而是我毕生训练人们能有效说话取得的经验的总结。

如果你依照书中的建议，在任何需要说话的时候牢记并运用，你就会成为你想要成为的那种人。

大师金言

恐惧本身是这世上最令人恐惧的，要想成功地在大众面前演讲，首先一定要克服恐惧，做别的事也是同样的道理。

02 学习
　　他人的经验

　　善于言辞、谈吐自如，无疑对每个人的事业与生活都有很大的益处；能言善辩、口若悬河的演说家更是令人艳羡，让人崇拜。但是，在现实中，毕竟不是每个人都拥有高超的语言技巧、口若悬河的演说才能，我们周围也确实不乏不善说话、沉默寡言之人，虽然他们真的很有能力很有思想。

　　没有哪个人天生就是大众演说家。在历史的某个时期，当众演讲曾经被视为一门高雅的艺术，人们说话时必须注意修辞、讲究语法，并用一种优雅的演说方式进行演说。比如古希腊、古罗马那些伟大的演讲家——西塞罗、德摩斯梯尼、梭伦等。在这种情况下，要想做个天生的大众演说家更是困难了。现在，我们把演说看成是一种更加广泛的交谈，过去那种风格夸张、声音洪亮的演说方式已一去不复返了。当我们与人一起共进晚餐，在教堂做礼拜，或观看电视、听收音机时，我们都喜欢听到他人率直的真言，并且喜欢那些能够引发思考和讨论的话题，而不喜欢演讲者只是一味地说教。

　　尽管学校的课本使我们相信，演讲是一个只有少数人能掌握的艺术，只有经过多年的语音语法的训练，才能掌握这个奥秘。但我的教学生涯几乎全部是在向人们证明一点：当众说话其实很容易，只要遵循一些简单而重要的规则就可以了。

1912年，我在纽约市第125街的青年基督协会开始从事教学工作时，对此，我和学生们一样无知懵懂。我早期的教育训练方法，和自己在密苏里州的华伦堡上大学时接受的教育方式大同小异。但很快我就发现这样做是错误的。我竟然把那些商界人士当成大学一年级新生来教育了。我发现韦伯斯特、柏克匹特及欧康内尔的演讲理论毫无用处，让我的学生一味地模仿，对他们来说毫无裨益。我的学生需要的是在商务会议中有足够的勇气站起来，并向参加会议的人作一番明确的、连贯的报告。于是，我将教科书全部丢掉，站在讲台上，用一些简单的概念，和学员们一起探讨，直到他们的报告词达意尽、深入人心为止。这种方法果然奏效，以至于他们毕业后希望再回来，希望能学到更多的东西。

我希望大家能有机会到我家里或办公室看看世界各地的学员寄来的感谢信。这些信有的来自商界领袖，他们的大名，我们在《纽约时报》和《华尔街日报》能时常看见，也有来自州长、国会议员、大学校长和娱乐圈的明星，当然更多的则是来自家庭主妇、牧师、教师，和一些普通的青年男女。还有一些公司的主管、技术人员、工会会员、大学生和职业女性等，所有这些人都觉得自己需要足够的自信心，需要有在公开场合中表达自己思想的能力，以便让人接纳自己。那些取得一定成效的人，实现自己目标的人心怀感激，特意写信给我表示谢意。

就在我写下这段话的时候，想起一件对我影响深远的事情。很多年前，费城一位很有名气的商人D. W. 亨特，他也是我教过的数以千计的人中的一位。刚加入我的培训班不久，一天中午，他邀请我共进午餐，

第一章
怎样才能实现成功的演讲

吃饭时,他诚恳地问我:"卡耐基先生,我常常收到一些演讲的邀请,我尽量都推辞掉了。可现在我被选为大学董事会主席,以后必须主持会议。您看我这个老头子,还能不能学会演讲?"

我告诉他以往班上和他有类似职务学员的经历,并且承诺,只要他足够努力,我一定会帮他达到目标。

大约3年之后,他再次邀请我共进午餐,同一地点,同一张餐桌,我们回忆起往昔的对话。我问他现在是否已经做到,他露出自信的笑容,还拿出一本红色的备忘录,上面满满当当地排着他未来几个月的演讲安排。

他说:"能够站在讲台上演讲,享受演讲带给我的快乐,是我一生中最高兴和满意的事。"

这还不是全部,D. W. 亨特还自豪地炫耀道,在英国首相出访美国的时候,费城教会邀请这位极少来美国的首相在宗教集会上说几句话,向会场所有在场的人郑重地介绍这位英国首相的不是别人,正是D. W. 亨特先生。

就在3年前,还是这位D. W. 亨特先生,正惴惴不安地怀疑自己是不是能够在大众面前流利地表达自己。

他的演讲技巧取得了如此神速的进步是否超出寻常?不!类似亨特先生这样成功的事例成千上万。

再举一个例子,几年前,布鲁克林的一位医生——我们姑且称之为寇蒂斯大夫,前往佛罗里达州度寒假,其度假地距离著名的棒球队——巨人队训练场不远。作为一名热心球迷,他经常去看他们打球,渐渐地他就和球员成了好朋友。

有一天,他被邀请参加一次球队宴会,在侍者送上咖啡和点心之后,一些著名的客人被请上台讲话。在没有任何事先心理准备的情况下,他听见宴会主持人说:"今晚有一位医学界的朋友在场,我们欢迎寇蒂斯大夫上台给我们谈谈棒球队员的健康问题。"

对这个问题他是否有充分的准备呢？当然有。他可以算得上世界上对这个问题准备最充分的人——他是研究卫生保健的，已行医30多年。他可以坐在椅子上与周围的人侃侃而谈，甚至谈上一个晚上。但是，如果让他站起来，面对一群人讲着同样的问题，却是另一回事。他心跳加速，吓得不知所措。他努力试图冷静下来，然而心脏仿佛就要停止跳动。他一生从未作过公开演讲，面对众人，脑海中的种种思想仿佛都长着翅膀飞走了。

该如何面对呢？参加宴会的人都在鼓掌，全部注视着他。他摇摇头，表示谢绝，却引来了更热烈的掌声。"寇蒂斯大夫！说几句吧！"听众的呼声越来越大。

在这种极其沮丧的情绪支配下，他知道自己一旦站起来演讲一定会失败，甚至可能连五六个完整的句子都讲不出来。他站起来转过身背对着自己的朋友，默默地走了出去，深深陷入难堪和耻辱的心理之中。

一回到布鲁克林，他做的第一件事就是报名参加我的演讲训练课程——他再也不愿意陷入哑口无言的困境中了。

第一章
怎样才能实现成功的演讲

类似他这样的学生，是老师最乐意碰到的，因为他有迫切的需要，渴望提高自己当众演讲的能力。这种愿望是如此坚定，使他毫无怨言地刻苦练习，不遗漏任何一课。

努力带来的进步令他自己都感到惊讶，结果大大超出了他的希望。上完第一阶段的课程，他紧张的情绪就消失了，信心越来越强。两个月后，他已成为班上的明星演讲家，并且开始接受邀请到各地演讲。到后来，他十分喜欢和享受演讲时那份欣喜的感觉和所获得的荣誉，更庆幸自己在演讲过程中结交到更多的朋友。

纽约市共和党竞选委员会的一名委员，在听过寇蒂斯大夫的一次演讲之后，立即邀请他到全市各地为共和党发表竞选演讲。如果这位政治家知道，就在一年前，这位演讲家曾经因害怕面对观众而张口结舌，在羞愧之中不得不离开一个宴会，那他一定会大吃一惊的。

要想让自己获得自信、勇气和能力，以便在你当着一群人发表谈话时能够冷静而清晰地思考，这并不像大多数人所想象的那么困难，演讲并不是上帝专门恩赐给某些人的礼物。就像打高尔夫球一样，任何人都可以发掘出其潜在的能力，只要你有这样去做的充分欲望就行。

还有另外一个例子。已故的B.F.古利奇公司董事长大卫·古利奇先生有一天来到我的办公室。"我这一生中，"他开始说，"每逢自己要讲话时，没有一次不是惊恐万分的。身为董事长，我不可能不主持召开会议。董事们都是我多年熟悉的常客，我们围桌而坐时，我同他们畅谈自如，一点障碍也没有。然而，一旦要我站起来讲话，我就会不知所措，一个字也说不出来。这种情形已经很多年了。我不相信你能帮到我，因为我的问题实在太严重了，而且也已经很久了。"

"噢，"我说，"既然你认为我帮不上你的忙，为什么还来找我呢？"

"只为一个原因，"他答道，"我有一个会计师，他替我处理账目问题，他是个很害羞的人。他要进自己的办公室之前，必须经过我的办公室。多年来，每当他在我办公室走过时，总是小心翼翼，眼睛看着地面，一句话也不说。不过最近，他整个人好像变了一样。现在，他再经过我办公室的时候，总是下巴抬起，眼里闪着丝丝亮光，而且还主动地向我打招呼，'早上好，古利奇先生。'他信心十足，神采奕奕。对于他的这种改变，我感到十分惊讶，我问他：'你中了什么魔法？怎么会有这么大的变化？'他告诉我，他是因为参加了你的演讲训练课程，才变成现在这样的！就是因为这样，我也想来试试。"

我坚定地告诉古利奇先生，如果他来参加培训班，并按照我要求的去做，不用几个星期，他将会喜欢上在公众面前说话的感觉。

"你如果真能让我做到这一点，"他回答，"那我就是世上最快乐的人了。"

后来，他参加了培训班，并取得了惊人的进步。3个月后，我请他参加在阿斯特饭店舞厅举行的一个3000人的聚会，并安排他向大家谈一谈他从我们的培训课中得到的帮助。他说非常抱歉，因为事先跟别人有约，所以他不能参加。可是第二天，他打来电话对我说："我要向你道歉，我把约会取消了。我要来参加聚会，并接受你的演讲安排，这是我欠你的。我要把训练中的收获真实地告诉给大家。我这么做，是想通过我自己的切身体会来激励大家，让他们也能主动地消除那些残害生命的恐惧感。"

本来，我只给他安排了两分钟的演讲时间，结果他对着3000人说了足足10多分钟！

像这样的奇迹，在我的培训班大概有几千起。我亲眼看到那些男男女女，因为参加了这项培训，事业取得了更大的成就，获得了更耀眼的社会

第一章
怎样才能实现成功的演讲

地位。

在某些时刻,仅凭一次演讲就可以使人声名远扬。马里奥·拉佐就是最好的例子。

几年前,我接到一封来自古巴的电报,上面说:"要是你不反对,我这就来纽约参加你的演讲培训。"落款是马里奥·拉佐。我觉得很惊讶,这人是谁,我以前可从没听说过。

马里奥·拉佐先生到了纽约后对我说:"3个星期后,我家乡哈瓦那的乡村俱乐部要为创始人庆祝50周岁生日,安排我在晚会上演讲,并且赠送一个银杯给他,我还要担任晚会的主持人。虽然我是一名律师,却从来没有当众演讲过。一想到要上台演讲,我心就很不安,如果到时说不出话来,我和我的太太以后在社交场合会很尴尬,再说,这也会影响我的声誉。所以,我特意从古巴赶过来向您求援。不过,我只有3个星期的时间。"

那3个星期,我每晚都为拉佐安排三到四场演讲,从这个班到那个班,3个星期后,他回到了古巴,并在乡村聚会上作了一次令众人惊叹的演讲。这件事还被美国《时代周刊》"异域新闻"一栏专题报道,并称赞他为"天才演说家"。

这听起来像是一个奇迹,不是吗?这称得上是一个奇迹吧?而且是20世纪人类战胜自我战胜恐惧的一个奇迹。

大师金言

当众演讲并不是高不可攀的艺术,也不是像教科书上说的那样,要经过多少年的语音训练和修辞学训练,多向有成功经验的演讲家学习,不失为一种很好的选择。

03 时刻不忘自己
　　将要达成的目标

　　没有哪个人不渴望自己成为一个说话高手，当然，成为这样的高手需要锻炼，需要在无数的失败中获得经验，然后才能成为自己一心向往的演说家。但是，有的人一想起自己过去失败的情景，脑子里便闪现出"这一下又要失败啦！""腿都哆嗦了！""话音异常啦！"等信息，因为有了这样的负面的暗示，导致说不出话来。所以，说话者最好多想象一下自己与初次见面的人侃侃而谈，在公众面前指点江山的潇洒英姿。如果觉得自己有过成功的经历，胸中就会鼓起"定能获得成功"的信心和胜利的希望，并产生说话的动能。如果说话之前想象到听众对自己热烈喝彩的情景，则会倍增自己说话的勇气。

　　所以，我要在这里真诚地提醒你，要把向后看变为向前看，把回忆尴尬变成想象荣耀，从失败心情转为成功心理，牢记自己一定要达成的目标，这样你成功的几率就大大提高了。

　　亨特先生认为他新近学到的如何在公众面前演讲的技巧，让他觉得很

第一章
怎样才能实现成功的演讲

快乐。演讲是他感觉最快乐的事情，他能够取得成功，很重要的一点就是他完全按照培训的要则完成练习。而他之所以勤奋地完成课程，正是因为他很清楚自己想要成为一位自信的演讲者，他为此不断地努力，最终把目标变成了现实。同样，我们每个人都应该这样做。

把精力主要集中在保持自信和让自己在社交场合如鱼得水上，对你来说是极其重要的。想想这种能力对你在社交，以及交朋友上的重要性，想想它为你带来的服务他人、社会的能力；想想它给你事业带来的影响。总之，它会为你成为一名优秀的领导、成为一名成功人士打下坚实的基础。

S. C. 埃林是"国家现金注册公司"理事会会长，也是"联合国教科文组织"的主席，《演说季刊》曾发表了他的一篇名为《演讲和事业领导者的关系》的文章。文章中说："从事商业多年以来，我注意到有不少人是先在演讲论坛上获得了成功，从而事业得到了极大的发展。很多年前，堪萨斯州一位年轻的分行主管，在一次精彩绝伦的演讲后，事业从此平步青云，现在已经是我们公司的副总裁了，负责业务拓展。"

拥有能够在众人面前从容地侃侃而谈的能力，会使你的前途一片光明。一位毕业的学员，他叫亨利·布莱斯通，是美国西弗公司的总裁。他说："能够跟他人有效的沟通，并影响他人的选择，赢得合作，是那些想求得更高职位的人们应具备的重要素质。"

试想一下，当你信心十足、精神愉快地站在演讲台上，与听众共享自己的感觉和思想，会是一种多么美妙的感觉。我曾几次周游世界，但是那种愉悦依然比不上借助言语的魅力征服听众带来的震撼感受。在演讲的时候，你会感觉自己精力十足，浑身上下都洋溢着生机。有一位已经毕业的学员说过："开始说话的前两分钟，就算是被鞭子抽，也不想张嘴，可是到演讲结束的最后两分钟，我又不愿意停下来，哪怕是为此挨枪子儿！"

请你从这一刻就开始，想象自己从容不迫地站在讲台上，充满自信地面对听众，当你说出第一句话时，全场安静无声，人们都在全神贯注地倾听你生动的演讲；请你也想象一下，在你演讲结束时，听众给你的那雷鸣般的掌声和欢呼声；会议结束时，听众热情地围过来对你大加赞美，你将会有怎样的自豪感和幸福感呢？

哈佛大学最杰出的心理学教授威廉·詹姆斯曾写下六句话，这六句话对你的一生可能会产生深远的影响。它们是阿里巴巴宝藏的开门口诀：

"不论什么课程，只要你对它满怀热忱，就可以顺利完成。如果你对结果足够关注，你一定会实现它。只要你想做好，你就一定能做得到。假如你企盼致富，你便会拥有财富。若是你想自己学识渊博，你就一定会学富五车。只有那样，你才会真正地企盼这些事，心无旁骛地一心盼望，而不会浪费精神、胡思乱想许多不相干的杂事。"

学习有效地面对公众讲话，好处不仅仅是可以作正式的公开演讲。事实上，就算你一辈子都不需要正式的公开演讲，接受这种训练对你来说仍有很多好处。举个例子，当众演讲的训练，是帮助你培养自信的好方法。因为你一旦发现自己站在公众面前仍然能够伶牙俐齿、条理清晰地对着他们说话，那么，你在和别人交谈时，必定会更有信心和勇气。很多人之所以来上我的"成功演讲"的课程，大多数是因为他们在社交场合感到害羞拘束。当他们发现，自己站着和同事讲话也没什么难处的时候，就会发觉自己当初的拘束是多么的可笑。他们在训练过程中培养出的自然洒脱的气度，令家人、朋友、事业伙伴和顾客刮目相看。训练班的许多学生，都是因为看见周围的人经过训练后个性发生了巨大的改变，才抱着试试看的心理来上课的。

第一章
怎样才能实现成功的演讲

  这种类型的训练，也会在各个方面影响到一个人的气质，不过，这并不会马上就显现出来。不久前，我曾向大西洋城的外科医师兼美国医药学会的前会长大卫·奥门博士请教，让他从心理和生理角度谈谈当众演讲训练的好处是什么。他笑了笑说："回答这个问题，最好是开个处方，这个处方在药房里是抓不到药的，每个人得自己配药。他要是以为自己不行，他就错了。"

  我的桌上就放着这份处方，每读一次，都觉得有所收获。以下便是奥门博士挥笔为我们写下的处方：

  尽你所能去培养一种能力，让别人能够走进你的脑海和心灵。试着面对单独的人或者在大众面前清晰地传达自己的思想和理念。在你经过努力并不断进步时，你便会发觉：你——真正的自我——正在塑造一种崭新的形象，使周围的人们产生前所未有的惊异。

从这份处方中，你会获得双倍的好处，你试着跟别人讲话时，你的自信心也会随之增强，而你的性格会变得越来越美好。这意味着你的情绪已渐入佳境，当然你的身体也会跟着越来越好。在现代社会中，不论男女老少，都需要当众讲话。我不清楚它在工、商业中究竟会给人带来什么样的好处，但我听说它对每个人都有极大的好处。我的确了解它给健康带来的益处。只要有机会，你就应该对着几个人或许多人讲话——你会越说越好，我自己就是这样；同时你会感到神清气爽，感觉自己完美无缺，这是你以前从来没有感受过的。

这是一种神奇的感觉，没有任何药丸能给你这样的感受。

所以，建议你不妨想象自己成功地做着目前自己所害怕做的事，想象你已经能够成功地当众说话，并且被大家接纳而获得了很多的好处。牢记威廉·詹姆斯的话："如果你对结果足够关注，你一定会实现它。"

大师金言

想想吧，当你当着无数的听众满怀激情地开始你的演讲，想想开场后全场鸦雀无声。想想自己发表高见之际听众的全神贯注，想想自己离开讲台时热烈的掌声，以及听众对自己的赞同，你将获得怎样的满足感和自豪感！

第一章
怎样才能实现成功的演讲

04 下定决心
　　一定要成功

在一个广播节目中,我被要求用三句话来说明我曾学到的最重要的一课。我是这样说的:"我所学过的最重要的一课是,我们的思想对我们非常重要。如果我能知道你的思想,就能了解你这个人,因为是你的思想塑造了你这个人。改变我们的思想,也就改变了我们的人生。"

现在你已把目光聚焦在建立自信和能作有效演讲的目标上了,那么从今天开始,你一定要积极地思考,自己的这番努力一定会换来成功的,你一定要对自己在众人面前说话的努力结果持轻松乐观的态度。要在每个词句、每项行动上烙下决心的印记,全力培养自己的这种能力。

这儿有一则故事,可以作为强有力的证明:任何人如果希望迎接语言的挑战,使自己能言简意赅地说话,就必须具备坚毅的决心。故事里讲的这个人,他现在的事业已经登上了顶峰,是商界里的传奇人物。但是在他读大学的时候,第一次站起来讲话,却因为不善言辞而失败。老师规定的5分钟演讲,他讲的时间还不到一半,就脸色发白,含着眼泪匆匆走下讲台。

　　这个人虽然在青年学生时期就有这样的经历，他却不甘心被失败击倒。他下定决心要做个优秀的演说家，并且一直在不懈地努力，最终成为令人尊敬的政府经济顾问，为世人仰慕。他就是克莱伦斯．B．蓝道尔。他写下许多发人深省的书，其中有一本《自由的信念》，提到他当众演讲的情况：

　　我的演讲每天都安排得很紧，我受邀出席的有商业餐会、商务部、扶轮社、各种基金的募捐会、校友会等各种场合。我曾在密歇根州的埃斯科纳巴为第一次世界大战发表激昂的爱国演讲，我和米奇·朗尼一起去乡村作慈善演讲，也和哈佛大学的校长詹姆士·布兰特·克兰，还有芝加哥大学校长罗伯．M．胡钦斯去乡村演讲，呼吁重视教育。我还曾在一次午餐后用非常蹩脚的法语做了一次简短的演说。

　　我知道听众想听什么、喜欢什么样的演说方式。那些想要追求事业成功的人，只需用心学习，就可以掌握这门谈话技巧。

　　我同意蓝道尔先生的观点，一个人想要掌握谈话技巧，决心坚定与否，会直接影响到最终的成败。如果我看透你的心思，知道你态度的坚决程度，了解你的思想积极还是消极，我就可以很准确地预测你在学习中会取得多少进步，最终是否会成功。

　　在中西部的培训班里有一位先生，在他第一次上课时，就信心十足地站起来，告诉大家他现在只是一名建筑商人，但他决心要成为"全美建筑协会"的发言人。他想到全国各地去演说，告诉所有人自己在建筑业中的成败得失。这位乔·哈夫斯提先生做到了，他是那种会让老师非常喜欢

第一章
怎样才能实现成功的演讲

的学生。他有一种拼命的劲头，他想谈论的不仅仅是地方性的问题，还包括全国性的问题。他全心全意地对待每一节课、每一次演讲练习，即使在他最忙碌的时候，他也不会错过每一次上课的机会。他严格按照学员的标准去要求自己。在这样狂热的劲头下，他进步飞速，他自己也对此大为吃惊。两个月后，他因为成绩斐然而当选为班长。

一年之后，在弗吉尼亚曾指导过他的训练班的老师说："有一天吃早餐时，我翻看《弗吉尼亚导报》，上面醒目地刊登着我几乎已经忘记了的乔·哈夫斯提的大照片，报道称赞他前一晚在地区建筑商集会上的演说，现在的乔十足是个会长的模样，看上去可不仅仅是建筑协会的发言人呢。"

因此，想要成功，必须要有实现目标的决心，还要把你的决心贯彻到底，相信自己一定能成功。

当尤利乌斯·恺撒由高卢而来，穿过海峡，带领他的军团在现在的英格兰登陆时，他是怎样让自己的军队成功的呢？非常聪明的方法：他把军队带到多佛海峡的白垩悬崖上,让士兵们望着脚底两百尺下燃烧的船只——置身敌国,与大陆的最后联系已经没有了,用来撤退的工具也已经被焚毁,唯一能做的事只有前进!征服!恺撒和他的军团就是这样做的。

这便是不朽的恺撒精神。当你要去征服面对听众而产生的恐惧的时候,为什么不把这种精神变成自己的精神呢?把任何一点消极的思想都扔进熊熊的大火中,而且把身后通往踌躇的大门紧紧关上。

大师金言

任何人若想突破语言的极限,达到言简意赅的地步,就必须立下必胜的决心。要以极高的热忱,以坚忍的毅力,相信自己一定会成功。

第一章
怎样才能实现成功的演讲

05 把握每一次
   练习演讲的机会

　　人人都可能在说话前后或说话过程中出现紧张、恐惧心理：性格内向、沉默寡言者如此；天性活泼、思想活跃者如此；即便是演说专家、能言善辩者也不例外。但是，有的人能够战胜恐惧心理，最终成为一名出色的大众演说家。

　　第一次世界大战以前，我在第125街青年基督协会所教授的课程已经改变，我不再仅仅讲授当年的内容了。每年都有一些新的观念加入到训练课程中，并把一些旧的思想淘汰掉。但是有一个特点却经久不变，那就是每个学员必须至少起来一次，大部分人都是两次，在同学面前演讲。为什么要这样做呢？因为不能当众讲话，就不能在大庭广众之下发表演讲，这就好比一个人如果不下水，就学不会游泳一样。你可以读遍那些有关当众演讲的读物，包括此书，但你有可能还是开不了口。书本的建议只是个引导，必须将书中的建议付诸实践才行。

　　乔治·萧伯纳是美国著名的思想家、作家，有人问他，他是如何做到铿锵有力地当众演说的,他回答:"我是用自己学会溜冰的方法来做的——我固执地让自己一个劲儿地出丑,直到我习以为常。"萧伯纳年轻时,是伦敦最胆小的人之一,他常常是在外面徘徊20分钟或更多时间,才有勇气去敲别人的门。他承认:"很少有人像我这样因为单纯的胆小而痛苦,或极度地为它感到羞耻。"

后来,他无意间用了最好、最快、最有把握的方法来克服自己的羞怯、胆小和恐惧。他决心把自己的弱点变成最有利的资产。他加入了一个辩论学会。伦敦一有公众讨论的聚会,他就会参加。萧伯纳全心投入社会运动,为该运动四处演讲。结果,他成了20世纪上半叶最自信、最出色的演说家之一。

第一章
怎样才能实现成功的演讲

　　对我们每个人来说，说话的机会比比皆是，你不妨参加些组织，参加一些活动，从事那些需要你讲话的职务。在公众聚会里站起身，使自己出个头，即使只是附议也好。开会时，千万别默不作声。尽量多说话，积极踊跃地参加各种聚会。你只要向自己的周围望望便会发现，所有的商业、社交、政治、事业，甚至社区里的活动都要向前迈步，需要你开口说话。除非你说话，不停地说，否则你永远不会知道自己会有怎样的进步。

　　有一次，一个年轻的商务主管对我说："这些道理我全都明白，可是我就是不敢面对学习的艰难考验。"

　　"什么艰难考验！"我告诉他，"快把那种思想从心里消除。你从来就没有运用正确的、征服性的精神想过学习。"

　　"那是什么精神？"他问。

　　"冒险精神啊！"我告诉他。接着，我对他谈起一些从当众说话中获得的成功之路，以及个人的个性也会因此变得越来越开朗。

　　"我想试试看，"最后他说，"我想要去从事这项冒险活动。"

　　在你继续阅读此书并将其中的原则付诸实施之际，你也是在进行冒险。你会发现，在冒险中，你的自我引导的力量和敏锐的观察力会支持你；你会发现，这项冒险会改变你，不论是内在还是外在！

大师金言

　　目标、决心、信念、毅力、热情都会助你成为一个出色的演说家。

第二章
增强自信心是实现成功演讲的前提

你可以假设你的听众都欠你的钱，正要求你宽限几天；你是个神气的债主，根本不用怕他们。然后，你就可以自信满满，侃侃而谈了。

01 人人都有
   恐惧的心理

蔡特金是众所周知的国际工人运动杰出的女活动家,她在第一次演讲时,虽然早就做过细致准备,并进行了多次预讲,可一上台,要讲的话一下子从脑子里全溜掉了,大脑出现了空白。

美国著名作家马克·吐温谈起他首次在公开场合演说时说,那时仿佛嘴里塞满了棉花,脉搏快得像在进行百米冲刺。

英国政治家路易·乔治说,第一次试着做公开演说时,舌头抵在嘴的上腭,竟一个字也说不出来。

在美国有人曾以"你最怕什么"为题询问了3090个人,调查人们究竟最怕什么,结论的第一点就是:最怕的是在众人面前讲话。

英国历史上有位叫狄斯瑞的首相就曾说过,他宁愿领一队骑兵去冲锋陷阵,也不愿在下院做一次演讲。然而,上述这些演说家们正是战胜了失败之后方成为雄辩之才的。

"就在5年前,卡耐基先生,我5年前曾来过你举办研讨会的饭店。我

第二章
增强自信心是实现成功演讲的前提

站在门口,一想到走进去,就要站到台上发表演讲,便迟疑再三,终于还是没有走进会场。要是那会儿,我就知道你能够让人克服面对众人时的恐惧心理,我想我决不会迟疑着错过那次机会,也不会晚了整整5年。"

这个人并不是在和我闲聊往事,而是在纽约市的一次培训毕业会上,对着大约200人抒发自己内心的感慨。我很高兴听到他的这番话,这意味着他完全战胜了内心的恐惧,他说话时流露出的自信和神采令我相信,他此次所学一定增强了他处理事务的能力。作为他的老师,我很高兴。他已能够战胜站在众人面前的恐惧了。同时,我也想到,若是他5年前甚至10年前就踏进课堂,此时的他不知已取得了多么大的成就,也一定会更加快乐和自信。

思想家爱默生说:"与世上任何事物相比较,唯有恐惧最能击败人!"正因为深谙此理,我很高兴自己能帮助人们摆脱恐惧。1912年,在我刚开始教授课程时,尚未知晓自己的培训课程可以帮助人们摆脱恐惧、重塑自信。后来,我才渐渐明白,练习当众说话,是提升人的勇气和自信的最佳方式,人们总是在不知不觉中,克服了自己的恐惧心理。

经过这么多年的培训，我已经找到了很多方法，能在短时间内帮你克服上台后面对听众时产生的恐惧，再经过几个星期的练习，就可以增强自信心。

虽然人人都可能会有说话胆怯的心理，但造成这种心理的原因却又可能是千差万别、各种各样的。比如，有的人可以跟亲朋好友聊上一两个小时；有的人跟人打起电话来一聊就是老半天，且话题源源不断，越说越起劲；有的人经常能说出一些让人大笑或使人感兴趣的事，可谓是相当会说话。但是，真正一到了正式场合，面对一大群人（或是广播用的麦克风）他们就不知所措了。这是为什么呢？

第一个事实：害怕在公众面前说话的并不止你一个。一份关于大学演讲课的调查指出：大约80%至90%的学生在开始上课时，都害怕上台演讲。我想在我的培训班，在课程刚开始时，这些成年人的恐惧指数大概要达到100%。

第二个事实：上台演讲有恐惧心理并非一点好处没有。在不同的情况下，人天生具有一定的应变能力。因此，即使你的呼吸变得急促，心跳加快，你也无需紧张。这是你的身体调整到迎接挑战的生理状态。如果这个尺度把握得刚刚好，那你的思维就会比平时更灵敏，反应更快，语言更加流畅犀利，一般来说，会比在普通情况下说得更好。

第三个事实：我曾听到很多职业演讲家说，他们从未彻底摆脱上台的恐惧感。每一次演讲之前，他们都会害怕，直到三五句话过后，才能消除这种感觉。宁愿做赛马，也不做驮马。作为职业演讲家，他们自嘲说自己就像冰冰凉凉的黄瓜，脸皮要够厚。这也是他们必须比常人多付出的代价。

第四个事实：你不敢在公众面前讲话的主要原因是因为你还没有习惯当众说话。罗宾逊教授所著《思想论》一书中说道："恐惧来自无知和陌

第二章
增强自信心是实现成功演讲的前提

生。"大部分人对当众演讲一无所知,因而心存恐惧。刚开始练习演讲,要比打网球或者学驾驶更加艰难,因为你要面对一系列未知的情形。要想改变这种境况,唯一要做的就是勤加练习,当你取得一次又一次成功的经验时,你就能体会到当众说话是一种快乐、享受。

在读过杰出的演说家和著名心理学家阿尔伯特·爱德华·威格尔克服恐惧的故事之后,我一直用他的故事激励自己。他说他自己读中学时,一想到要起立做5分钟的演讲,就会莫名的恐惧。他写道:

随着演讲日子的临近,我会害怕地生起病来。只要一想到要在台上演讲,血就往脑门上冲,两颊烧得难受。我不得不到学校后面,把脸贴在冰凉的墙上,来消减紧张带来的燥热。在大学时我也用这个方法。

有一次,我小心地背下一篇演讲词,开头第一句话是"亚当斯与杰弗逊已经过世",当我面对听众时,我的脑袋里突然一阵轰轰作响,顿时不知所措。我勉强挤出"亚当斯与杰弗逊已经过世"以后,再就什么都说不出来了,我只好向人鞠躬……在嘲笑的掌声中,我颓然地坐在座位上。校长站起来讲话说:"嗯,爱德华,我们听到这个消息也十分的悲伤、震惊,不过事已至此,我们也只能节哀。"接下来便是一片哄堂大笑。那时,我真想一死了之。那次演讲之后,我病了好几天。当然,有了那次经历,在这个世界上,我最不敢期待的,就是成为一名大众演说家了。

一年后,阿尔伯特·威格尔正在丹佛。那年,1896年,丹佛掀起一场关于"自由银币铸造"问题的政治运动。一天,他读到一个小册子,布莱安及其信徒的承诺空洞,让他十分愤怒,因此他当了手表做路费,回到家乡印第安纳州,然后自告奋勇,就健全的币制发表演讲。听众席上有不少是他的老同学。"刚开始,"他写道,"大学里'亚当斯和杰弗逊'演讲的那一幕又出现在我的脑海,恐惧快要让我窒息,讲话结巴,我几乎快要从讲台上逃走了。不过,就如奥安西·德普常说的那样,听众和我都勉强撑过绪论部分,这小小的成功增添了我的勇气,我接着往下说。我以为我说了15分钟,让我惊奇的是,我竟然说了一个半钟头。结果,在以后的几年里,我是令全世界最感吃惊的人,我竟然会把当众演讲当成自己的职业。我终于体会到威廉·詹姆斯说的'成功的习惯'是什么意思了。"

是的,阿尔伯特·爱德华·威格尔终于认识到,要克服当众说话那种天翻地覆的恐惧感,最好的方法是以获取成功的经验做后援。

你要当众演讲,有恐惧感是很自然的,同时你也要学会凭借适度的登

第二章
增强自信心是实现成功演讲的前提

台恐惧，使你说得更好。

即使登台的恐惧一发不可收拾，思想滞塞、言语不畅、肌肉痉挛无法控制，严重影响你说话的能力，你也没有必要绝望。你一定要登台，如果演讲中出了什么差错，你也应该像以前那样轻松自如、不知不觉地尽快挽回，切不可因出错而手忙脚乱，不知所措。这些症状在初学者中很常见，只要你多下工夫，就会发现这种恐惧很快就会减少到最低的程度，这时，它就是一种助力，而不是一种阻力了。

大师金言

有恐惧感是很自然的事，就算经过千锤百炼的演讲家也会有恐惧的时候。但你要学会适度地控制，当这种恐惧减少到最低程度的时候，它就是一种助力，而不是一种阻力。

02 无需通篇背诵

没有什么人是真正不能拥有卓越口才的，也没有什么人是真正不善于当众说话的。然而，确实有许多人无法在众人的面前顺利开口，原因其实只是他们内心的恐惧。事实上，即使是职业演说家也不可能彻底克服当众说话的恐惧感，说话前充分而周全的准备是获得当众说话自信最有力的保障。对于成竹在胸的说话者来说，没有什么是值得害怕的。

假如你想培养自信，为什么不去做好那些在你演讲时能给你安全感的准备呢？使徒约翰说："完全的爱，会置恐惧于度外。"完全的准备也可以做到这样。丹尼尔·韦伯斯特曾说，他如果没有准备就出现在听众面前，跟没有穿衣服的感觉是一样的。

我所说的"充分的准备"意味着你要通篇背诵演讲稿吗？许多演讲者为了保证演讲时说得头头是道，就事先写好演讲稿，然后通篇背诵下来。这种方式并不可取，不但浪费时间，也容易使演讲变得枯燥无趣。

H. V. 卡特伯恩是美国著名新闻评论家，他还是哈佛的大学生时，

第二章
增强自信心是实现成功演讲的前提

曾经参加过一次演讲比赛。赛前,他选择了一篇名为《绅士们,陛下》的文章,并一字一句地把全文背了下来,还练习预演了几百次。可到了正式比赛时,他一登上台,只说出:"绅士们,陛下……"就一个字也想不起来了,脑子里空荡荡的。他眼前一片漆黑,幸好还能保持镇定,于是,他干脆把那个故事用自己的语言讲述出来。最后,他惊讶地听见,自己居然获得了第一名。从那一天起,他再也没有背诵过一次演讲稿,他从事广播行业时也是如此,只在纸上写一些摘要,然后对着听众娓娓道来。

一个人如果在他演讲前先写好讲稿,再反复背诵,浪费时间和精力不说,也很容易把演讲搞砸。每个人平时讲话都很自然,不会费心地琢磨,话语随着思想的流动而自然说出。

英国首相温斯顿·丘吉尔也从中得到过教训,那时他还年轻,一直是先写好演讲稿再把它背下来。有一天,他在英国国会作演讲,正背着讲稿,突然忘记了下一句词,他重复了上一句,可大脑依然一片空白。他难堪极了,满脸通红,沉默地坐回到位置上。从那以后,温斯顿·丘吉尔再没有试图背诵过演讲稿,而他写的演讲稿总是能打动人心,特别是在第二次世界大战时，他的那些演讲给予了英国人民战胜敌人，渡过难关的决心。

即便我们一个字一个字地背诵了很多遍，当我们面对听众时，也难免会遗漏一些，就算通篇一字不落，我们的演讲听起来也会很机械、不自然。为什么？因为你是在背诵讲稿，是出于记忆，而非发自你的内心。平日里，我们和人聊天，总是想到什么就说些什么，不会刻意地注意修辞、造句。为什么到了演讲的时候，不能这么做呢？

要是你还执意要写演讲稿并背诵记忆，那就有可能落得和范斯·布希内一样的境地。

范斯毕业于巴黎波欧艺术学院，现在是位列世界最大保险公司之一的衡平人寿的副总裁。在他刚加入衡平公司两个年头时，因为他如此巨大的成功，而受到重视，因此那一年，在弗吉尼亚召开的两千人"全美衡平人寿代表大会"，特意安排他作20分钟的演讲。

范斯非常激动，他感觉那是对他的鼓励。可惜的是，他采取了写好演讲稿背诵的方式。对着镜子他练习了不下40次，就连语气停顿、手势和表情都精心排练好，直到他自己觉得非常满意为止。

可是，终于要站到讲台上时，突然之间，他被恐惧牢牢控制住了，只说了一句话："我是这样计划……"他的头脑一片空白。惊慌的他情不自禁地后退了两步，可是脑子里还是一片空白，他又后退了两步，如此三番。讲台有4英尺高，没有围栏，和后面墙距离5英尺，就在他第四次后退时，一脚踩空，掉到了讲台和墙之间的空当里。听众们一阵哄堂大笑，甚至有一个人笑得太厉害，从椅子上摔了下来。至今，衡平公司的老员工们还对此事念念不忘。更搞笑的是，到现在还有人认为是公司为助兴有意安排的娱乐节目。

第二章
增强自信心是实现成功演讲的前提

这件事的主角范斯·布希内是怎样对待这件事的呢？他曾亲口告诉我，那是他这辈子最丢脸的时刻。他感到没办法再面对公司同仁，就递交了辞职信。

后来在上司的安抚和鼓励下，范斯·布希内重新树立了自信，多年后，他竟成了公司里最擅言辞的人。他再也没有背过演讲稿。他的经验足以让你引以为鉴。

我听说过有很多人背记讲稿，但是我亲眼看到，当他们抛开演讲稿之后，演讲反而更生动、有趣。这样的演讲，或许会遗漏一两点东西，但是更加人性化，更具吸引力。

亚伯拉罕·林肯曾说："我无法欣赏一板一眼、乏味至极的演讲，我喜欢像在和蜜蜂搏斗一样的演讲者。"林肯说他最喜欢听自由、流畅的演讲。但是，如果你心里总是想着你演讲稿的下一句，你又怎能让你的演讲表现得自然、激昂、有动感呢？

大师金言

没有什么人是真正不能拥有卓越口才的，也没有什么人是真正不善于当众演讲的。关键看你有没有成功的自信。当然，自信来源于充分的准备，专注、思考、练习是必不可少的。

03 给自己成功的暗示

你应该记得，在第一章中有"当你面对众人讲话时要树立正确的态度"的话。这句话对于这里要阐述的另一项特殊工作——尽量利用机会说出一项成功的经验——依然适用。有三种方法很合适：

1.把自己融入题材中。

题材选好后，应按步骤整理，并在朋友面前预讲。这样的准备还不够。你还得让你的题材更有价值，你要具备些激励人们的态度，那就是——笃信自己的信念。如何使演讲的内容令人信服呢？没有其他办法，除了详细探究题材，抓住其更深层次的意义，并问问自己，你的演说会给听众带来怎样的帮助，他们听过之后有何裨益。

2.避免去想那些令你不安的负面刺激。

举例来说，设想自己会犯文法错误，或演讲中途会突然停顿，这就是一种负面的假想，它很可能在你开始之前就抹杀你的信心。开始演讲之前，最重要的是要把注意力从自己身上移开，集中精神听听别的演讲者说

第二章
增强自信心是实现成功演讲的前提

些什么,把注意力放在他们身上,这样你登台时就不会过度恐惧了。有一位日本歌手,每次面对公众恐惧时,就自言自语:"我是听众所喜欢的!听众都很喜欢我!"这也是一种成功的暗示。

3.给自己打气。

除非怀有某种远大的目标,并觉得自己在为此奉献生命,否则任何一位演说者都会对自己的主题产生怀疑。他会问自己,题目是否合适,听众是否会感兴趣等。很可能一气之下便把题目改了。这种时候,消极思想很有可能完全摧毁你的自信心,你应该为自己做一番精神激励,告诉自己,演讲很适合自己,因为它来自你的经验,来自你对生命的看法。对自己说,你比听众中任何一位都更有资格来作这番特别的演讲,并且,你会竭尽全力把这个问题述说清楚。这种方法管用吗?可能会。不过,现代

实验心理学家都认为，由自我启发而产生的动机，即使是佯装的，也会为人带来有力的刺激。

每个人在演讲的时候都是有压力的，因为他要对自己对听众负责。如果一位知名人物，在承受巨大的压力下，却一点也不紧张的话，那只能说他对这种压力毫不在乎，因为只有当一个人几乎看破了一切，他才能真正保持镇静。但是，对于一位说话技巧不够娴熟的人来说，恐怕还很难达到这种心境。他很可能在上台之前想着：我一定要成功，不能出丑，不能失败；有时候甚至祈祷：愿上帝保佑我的演讲成功。

要想成功，不妨给自己一些积极的心理暗示。尽量避免种种使人沮丧的因素，一上台只把注意力集中在眼前的动机和效果上，至于过后怎样评价，在演讲过程中是可以不加考虑的，假如你已经有了周全的准备，你尽管讲下去。正如美国总统华盛顿所说："我只知道眼前的听众，而我说的词，正是对眼前的听众说的。"与此同时，利用内部语言不断地进行自我安慰、排解和鼓励，如：

"别人能行，我也能行。"

"别人能讲好，我可以讲得更好。"

"我准备得很充分，我一定能讲好。"

"我就是所谈问题的专家和权威，只有我最有资格发言。"

"讲得好坏没有关系，只要我按照准备的讲下去就是胜利。"

"听众是不会注意我讲的每句话的。"

"听众常常分心，他们爱想自己的事情。"

……

有的演讲者因为信心不足，会多少给出自我否定，"他讲得真好"，"我哪能比得上他呢？"这种负面的暗示对成功的演讲是非常不利的。日

第二章
增强自信心是实现成功演讲的前提

本人甚至主张"把听众当傻瓜",当然这是一种极端的方式。古希腊演讲巨匠德摩斯梯尼在取得成功之前屡遭失败,朋友为其总结教训时说:"你败于怯场。现在看来,你要设法越过心理障碍。我想,可以助你达到此目的的办法只能是:你应该在讲台上目中无人,权且把你的听众都当成驴!"虽然他这种说法不文雅,却让德摩斯梯尼产生积极的心理暗示,使其跨过心理障碍,最终取得了成功。

大师金言

心理的暗示作用是非常大的,你给自己消极的暗示,你就很难积极地采取行动;你给自己积极的暗示,暗示自己一定行,你就会成功。

04 表现得信心十足

一个人如果想获得成功，不断地树立自己说话的信心和增强自己说话的魅力，真正做到不盲目自信也不妄自菲薄是很重要的。当然，自信是最重要的。如果你表现得信心十足，你就会信心十足。

美国著名的心理学家威廉·詹姆斯写道：

行动看起来像是紧随于感觉之后的，但事实上，行动与感觉是并行的；行动是受意念直接控制的。同样，通过制约行动，我们可以间接制约感觉，而它是不受意志直接控制的。

因此，假若我们失去了原有的欢乐，那么通往欢乐的最佳的方法便是快乐地坐下、说话，表现得好像欢乐一直都在那里。如果这样的举动都不能让你感到快乐，那就没有更好的方法了。

所以，如果别人觉得你很勇敢，那你就表现得好像真的很勇敢。运用一切意志去达成那个目标，恐惧感就很可能会被勇气所取代。

第二章
增强自信心是实现成功演讲的前提

接受詹姆斯教授的忠告吧！为了培养勇气，在面对观众时，自己不妨表现得就像真的很有勇气一般。当然，除非你早有准备，否则再怎么佯装也是没有用的。如果你对自己要讲的东西了如指掌的话，那放松地说出来就是了，并且，如果在讲话前能做一次深呼吸，效果会更好。

事实上，在上台之前，应深呼吸30秒。增加氧气供应可以提神。杰出的男高音佳恩·雷斯基常说，当你胸中充满氧气时，你就可以席地而坐，紧张感便自动消失了。

站直身体，进入观众的视线，然后，信心十足地开始讲话，就像他们每个人都欠你的钱一样。想象他们欠你的债，想象他们聚在那里要求你宽限还债的时间。这种心理对你大有帮助。

如果你对这种理论存有疑虑，你可以找一位参加过我训练班的学员问一问，他们早就接纳了本书的意见。只需要几分钟，他们就能令你的想法改变。就相信这个美国人的话吧，他被视为勇气的象征。但实际上，他曾经非常胆小，后来，他花了一段时间训练自己的自信心，居然成了最勇敢的人。他就是最伟大的美国前总统——西奥多·罗斯福。

在自传中，他写道："由于自己曾是一个体弱而又笨拙的孩子，年轻时，我曾对自己的能力缺乏信心。我不惧艰辛地训练自己，训练自己的身体，还有灵魂和精神。"

幸运的是，他如此讲述自己获得成功的秘诀：

当我还是一个孩子的时候，我在马利埃特的书里读到一段话，印象极深，时时萦绕在心。那是一位小型英国军舰的舰长，向主角讲解怎样才能做到气宇轩昂、无畏无惧。他说，刚开始的时候，每个人想有所行动时都会害怕。应该学会驾驭自己，让自己表现得好像一点不害怕。这样持之以恒，原先的假装就会变成事实，他就是凭借练习这种无畏的精神，在不知不觉中变成了真正的无所畏惧的勇者。这便是我训练自己的理论根据。一开始，让我害怕的事情真多，从大灰熊到野马，还有枪手，没有我不怕的，可是我总是故意装出不怕的样子，慢慢地我就不再感到害怕。人们若是愿意，也能做得像我一样。

战胜当众讲话的恐惧，不论做任何事情对我们都会有极大的影响。那些接受这项挑战的人，会发现自己人品渐渐完美，战胜当众说话的恐惧，已使他们脱胎换骨，实现更丰富、更完美的人生。

有个推销员这样写道："站起来演讲几次之后，我觉得我什么人都可以应付了。一天早上，我走到一个特别凶的客户面前，没等他说'不'，我已经把样品摊在他的桌子上。结果，我得到了一份最大的订单。"

第二章
增强自信心是实现成功演讲的前提

一位家庭主妇告诉我她的经历："原来我不敢邀请邻居上家里来，怕和客人不能融洽地谈笑。但是在班里站起来讲过话后，我决定请邻居来我家开个宴会。那次宴会开得非常成功。我毫不费力地来往于宾客间，与他们谈笑风生。"

在一个毕业班上，一名店员说："最初我很怕顾客，总是战战兢兢的。在班上演讲过几次后，我觉得说起话来有自信了，也从容了。我开始理直气壮地说出不同的意见。我在班上演讲后的第一个月里，我的销售业绩便上升了45%。"

他们发现，自己已经能够轻易地克服恐惧或焦虑了，从前可能会失败的事，现在却能成功了。从当众说话获得的信心，让自己信心满怀地迎接每一天的到来。你同样可以获得这种从来没有过的胜利感，用来迎接生命的难题和困扰，曾经接二连三的困境，也可以变成生活中增添情趣的愉快挑战了。

大师金言

从演讲中获得信心，你会获得"成功的习惯"，使你满怀信心地迎接每一天的到来，并有信心战胜可能的困难和挑战。

第三章
成功演讲并不难

为什么有的演讲能吸引观众？因为他们谈的是自己切身的经历：最幸福的一刻、最尴尬的事情、何时何地遇到自己的亲密爱人。他们专注地用自己的语言述说着自己的生命体验，没有上镜的恐惧，就像日常发生的事情重现在观众眼前。演讲也一样，只要你用真情去表达，你就会成功。

01 从切身体会谈起
更容易引起共鸣

　　我在白天很少看电视，但最近有个朋友要我看一个下午节目，是针对家庭主妇而设的，收视率很高。朋友认为该节目里观众参与的部分一定会引起我的兴趣。的确是这样，我看了几次，很欣赏主持人能够请观众参与谈话，而观众的说话方式也引起我的注意：这些人显然都不是职业演讲家，也没有经过什么沟通技巧的训练，有的人甚至讲得很差，还读错字。可是他们全都说得很有趣，他们说话时似乎全无视镜头的恐惧，还能吸引观众的注意力。

　　为什么他们能做到这一点呢？我深知这其中的奥妙，因为在我的培训班里，同样的奥妙之处已经存在了许多年。这些寻常人家的男女老少，之所以能吸引观众们的注意，是因为他们谈的是自己的切身经历：最幸福的一刻、最尴尬的事情、何时何地遇到自己的亲密爱人。他们专注地用自己的语言述说着，完全不去顾虑什么文法修辞，也压根儿没想过什么开始、论据、结论。但他们却能博得听众们的喜爱——把注意力放在要述说的故

第三章
成功演讲并不难

事上。如果你想要学习当众讲话的技巧,以下的经验值得你借鉴。

说话是一门艺术,也是有诀窍的。我们应该认清这种巧妙的方法,才能少走弯路,早日获得成功。

前面说过,人们在电视节目中述说自己亲身的经历和体验,完全没有脱离实际,才使得那档节目大受欢迎。

许多年前,在芝加哥希尔顿大饭店举办的戴尔·卡耐基培训聚会上,有一位学员站起来就说:"自由、平等、博爱,都是人类最伟大、崇高的追求。失去自由,生命便毫无价值。试想一下,要是你的人生处处受到限制,那样的生存有何意义?"

他刚开了个头儿,他的指导老师就明智地示意他停止,并问他这么说的依据是什么?是否曾经有过亲身的经历和所见所闻?这位学员述说了他自己令人惊奇的故事。

他来自当时仍被纳粹控制的法国,他告诉我们,他经历过地下斗争。他生动地讲述了生活在纳粹阴影下的耻辱,以及他和家人如何历经千难万险,才逃出法国,辗转抵达美国。他最后说道:"今天,我自由地走上大街，走进这家饭店。我和一位警察擦肩而过，但我无需担心，也无需出示身份证。等到聚会结束后，我依然可以自由地前往芝加哥的每个地方。我只想说，一定要为争取自由奋斗到底。"他话音刚落，人们全都站起来为他鼓掌欢呼。

1.述说生命感悟。

述说自己生命感悟的演讲者通常会深深吸引他们的听众。可是有很多演讲者不愿意这么做，他们觉得个人体会过于狭隘细微。他们更喜欢就天文地理甚至哲学理论来一番探究讲解，可这样的演讲不为大众所喜欢和接受。我们想要听有趣的故事，他们却只说些大道理，当然，我们并不抗拒大道理，只是那些道理完全可以在报纸杂志上读到。请你讲述生命的感悟吧，我很乐于和大家一起倾听。

据说，爱默生就是一位善于倾听的学者，不管当时情形是怎样的。他认为可以从任何人身上学到有用的东西，无论这个人是不是成熟的演讲者，也不管他是贫贱还是富贵。很少有人会比我听过的谈话更多，只要谈话者是在述说自己对生命的感悟，即便是极为琐碎微小的感受，我都会耐心听完，甘之如饴。

几年前，我的协会曾为纽约市银行的高层人员开办了培训课。自然，他们个个公务繁忙，很难全身心投入课程，也不能做好充分的准备和练习。他们一直站在自己的角度去观察、考虑问题，凭借自己多年的经验行事。自身的观念已经牢牢扎根。他们已经积累了四十几年的生活阅历可作谈资，可惜的是，很多人很难意识到这一点。

一个星期五，一位与上级银行有关的先生——这里，我们姑且称他为杰斐逊先生，发现到场的有45人，而他要说的是什么呢？在来这之前，他买了一份《福布斯杂志》。在去上课所在的联邦储蓄银行的地下火车上，

第三章
成功演讲并不难

他仔细阅读了一篇名为《十年成功秘诀》的文章，他打算在课堂规定的个人演讲时间里，讲讲这篇文章。

一个小时以后，当轮到他时，他站起来，开始大谈文章内容。可结果又是什么样的呢？

很明显，他还只是停留在阅读的层面，还未来得及思考，说不出自己想表达什么。他努力了，但他的神情和语气有些茫然，他更多的是在复述文章的内容，不断地提到作者的观点。这样的演讲毫无内涵，听众满耳都是《福布斯杂志》上是如何如何说的，属于杰斐逊先生自己的感悟却一点儿没听到。

当他演讲结束以后，指导老师问道："杰斐逊先生，我们对那篇文章的作者毫无兴趣，他不在这儿，我们看不见他，我们只关心面前的你和你自己的想法。告诉我们你在想什么，你个人的，而不是别的什么人的。你下周还用这个主题演讲，可以吗？希望你再次读这篇文章的时候，思考一下，自己是否赞同文章的观点。如果同意，请你用自己的观点来告诉我们。如果你不同意，告诉我们为什么。我们希望在下次演讲中听到杰斐逊先生你自己的声音。"

杰斐逊先生重新读了这篇文章，发觉自己并不赞同作者的观点，他以自己的行业经历来证明自己的观点，并深入思考提出疑问。在第二次作演讲的时候，他再没有复述的痕迹，每一个论点都出自他的感悟。他给我们展示的是他生命中的宝藏，是他多年经验的精华。这两场截然不同的演讲，学员们更欣赏哪一场呢？答案应该非常明了。

2.从自身挖掘主题。

曾有人在我的教师中作过一个小调查，关于教导初学演讲者遇见的最大的问题。调查结果说明，教师们认为最大的问题是：引导初学者找到切合自己的主题。

什么样的题目才适合自己呢？来源于你的生活，对你有所启示，引发你的思考，这应该就是最适合你的主题。怎样寻找题目呢？静下心回忆往昔，挑选曾经给你留下深刻记忆的事情。几年前，我们对什么样的题目能引起听众的注意作了一番调查。我们发现，听众最喜爱极具个人感情色彩的主题。

成长的经历——个人特定的家庭背景、童年回忆、学习生活，这些相关主题都是容易引人注意的。人们都对别人成长中的遭遇和成败故事很感兴趣。

不论什么情形下，在演讲里，尽可能地加入自己成长中发生的事例。大多经典的电影、电视、戏剧故事，都取材于人们克服艰难险阻的真实事件。同样，你可以把受人们欢迎的事例运用在演讲当中。或许你会问，什么样的童年旧事会引起人们的兴致呢？很简单，哪一件事情虽历经多年，还令你印象深刻，就如昨日发生的一样，那这件事也一定会令听众感兴趣。

年轻时奋斗的故事——这是最具个人特色的经历。你可以讲述年轻时开创事业的遭遇，听众很喜欢听这个。讲述你为何选择了你从事的工作，又经历了怎样的曲折才取得成功的？如果你用诚挚的语言，告诉听众你的梦想和追求、你为此付出的努力和拼搏，以及一步步的事业之路。这样鲜活的人生主题，丰富内涵的演讲，是最保险的题材。

爱好和消遣——个人喜好不同，选择的主题当然各不相同。因此，讲述自己发自内心喜爱的事物，通常会很吸引人，说一件纯粹是因为自己喜欢才去做的事，是不会出差错的。因为你对此的热情超越别的事物，这一点也会通过你的演讲传递给听众，令他们感同身受。

第三章
成功演讲并不难

专业知识——当你在某个行业工作多年，应该可以算是专业人士。最容易的演讲莫过于把自己多年的从业经验和专业知识解析给听众，在受到关注的同时，人们也会对你肃然起敬。

不同寻常的经历——你可曾和某位伟人相遇过？可曾参加过哪次战争？可曾精神受过重创？类似这种不寻常的经历都可作为演讲的素材。

信念和信仰——也许你很关注世界形势、社会变化，并且花费一定时间去研究过。在演讲中，你也可以谈论这些重大问题，但是切记，听众不想听那些板上钉钉的大道理，也不想听报刊上面的陈词滥调。他们希望听到你从自身角度阐述的信念和观点。要是你的看法和听众们相差无几，最好避开不提。另一方面，如果你对某个问题研究多年，极有心得，毫无疑问，这个主题非常合适，那你就用它。

在前面的叙述中我们知道，演讲并不是把演讲的内容写在纸上，然后逐段逐句地把它背下来，也不是从报纸或书上摘取大意。演讲的精髓就在你的内心和生命体验里，不要怀疑，只要你精心发掘，就能信手拈来。正是因为带有鲜明的个人色彩，是独立的个体事例，你的演讲才更令人感动和震撼，会比很多我遇见过的职业演讲家的演讲更具吸引力。

当你讲述自己最为熟悉的事情时，你的热情和专注才会达到顶点。

大师金言

叙述自己的生命经历，把自己的个人体验融入演讲当中，最能打动人心。

02 对自己的主题
　　真情流露并充满热情

　　只有被感情支配的人才能使人相信他的情感是真实的，因为人们都具有同样的天然倾向。只有最真实的情感流露，才能引起人们的共鸣。

　　美国最伟大的总统之一林肯出生在一个鞋匠家庭，而19世纪的美国社会非常看重门第。林肯竞选总统前夕，在参议院演说时，遭到了一个参议员的羞辱。那位参议员说："林肯先生，在你开始演讲之前，我希望你记住你是一个鞋匠的儿子。"林肯看看他，没有生气、没有愤怒，而是用略带伤感的语气深沉地说："我十分感谢你说的话，因为它使我想起我的父亲，他尽管已经去世了，但我会永远记住你的忠告，我知道我做总统无法像我父亲做鞋匠做得那么好。"

　　听了林肯这一席话，参议院陷入一片沉默。过了一会儿，林肯又对刚才那个参议员说："据我所知，我的父亲以前也为你的家人做过鞋子，如果你的鞋子不合脚，我可以帮你改正它。虽然我不是伟大的鞋匠，但我从小就跟随父亲学到了做鞋子的技术。"说完这几句话后，林肯大声地

第三章
成功演讲并不难

对全体参议员说："对参议院的任何人都一样,如果你们穿的那双鞋是我父亲做的,而它们需要修理或改善,我一定尽可能帮忙。但是有一件事是可以肯定的,我无法像他那么伟大,他的手艺是无人能比的。"说到这里,林肯流下了眼泪,顿时,参议院所有的嘲笑都化成了真诚的掌声。后来,林肯如愿以偿地当上了美国总统,并领导美国人民取得了解放黑人奴隶战争的胜利。

并非你我有资格谈论的所有题目都会激起听众的兴趣。比如说,我是"自己动手"型的人,我也够格谈谈如何洗盘子。可是不知怎么搞的,我对这个题目没有任何兴趣,而且事实上,我压根想都不愿去想这些事。可是,我却听家庭主妇们把这个题目说得非常精彩。她们或者对永远洗不完的盘子心存怒火,或者发现了新的方法可以处理这让人头疼的家务。不管怎样,她们对这个话题极其来劲。因此,她们可以把洗盘子的话题说得有声有色。

这里有个问题,就是你认为合适的题目,是否适合当众讨论。如果有人站起来直言反对你的观点，你是否能够信心十足、言辞激烈地为自己辩护？如果你会，你的题目就对了。

1926年，我曾到日内瓦参观国际联盟第七次大会的会场，事后曾做下了笔记。最近，我无意间又看到这些笔记。以下是其中一段："在三四个死气沉沉的演说者读过自己的演讲稿后，加拿大的乔治·费斯特爵士上台发言。我注意到他并未携带任何纸张或字条，对此，我大为欣赏。他常用些手势表达自己，他心无杂念，全部心思都放在了他要说的事情上。他热切地希望听众能了解他所要讲述的内容，把自己心中的信念传递给听众，这种情形，就像窗外澄明的日内瓦湖。我一直倡议的那些法则，在他的演讲里展现得完美无遗。"

我常会想起乔治爵士的演讲，他真诚、热情。只有对所选的题目是真心所感、真心所想时，才会流露出这种诚意。费希尔.J.辛主教是美国最具震撼力的演说家，他从早年生活中学到了这一课。他在《此生不虚》一书里写道：

我被选入学院的辩论队。在圣母玛丽亚辩论的前一晚，我们的辩论教授把我喊到办公室里责骂了一番。"你真是饭桶！你是本院有史以来最差劲的演说者！""好的，"我想替自己辩解，"我既然是饭桶，你干吗还挑我参加辩论队？""因为，"他回答说，"那是因为你有思想，而不是因为你会讲。到那个角落去，从演讲辞中抽出一段讲给我听。"我把一段话反反复复地说了一个钟头，最后，他问："看出其中的错误了吧？""没有。"于是再来一个半钟头，两个钟头，两个半钟头。最后，我精疲力竭。他问："还看不出错在哪里吗？"由于天生反应慢，过了这两个半钟头，我懂了。我说："我知道了，我没有诚意，

第三章
成功演讲并不难

心不在焉，说得没有真情真意。"

就这样，辛主教学到了永生不忘的一课：把自己融入演讲中。他开始对自己的题材热心起来。直到这时，那位明智的教授对他说："现在你可以讲了！"

如果我们班上有学员说："我对什么事都不感兴趣，我的生活单调平凡。"我们接受过训练的老师就会问他，闲着的时候他都做些什么？他们的回答各不相同：有的说去看电影，有的说去打保龄球，有的则去种玫瑰花。还有一位告诉老师说，他收集有关火柴的书籍。当老师继续问他这不同寻常的嗜好时，他变得越来越有精神。一会儿，他便手舞足蹈地描述起自己储存书籍的小房间来。他告诉老师，他几乎收藏了世界各国有关火柴的书籍。等他对自己最喜爱的话题兴奋起来后，老师打断他："为什么不对我们说说这个题目呢？我觉得挺有意思的。"他说，他从来没想到有人会对这个感兴趣。这个人没有钱，他多年的精力都放在了这个兴趣上，近乎一种狂热的地步，而自己却否定它的价值，认为不值一谈。老师恳切地告诉他，衡量一个题材有无趣味价值的标准，就是问自己对它有多感兴趣。于是，他以收藏家的姿态大谈了一个晚上。后来我听说，他还前往各种午餐俱乐部去演讲有关收集火柴书籍的情形，并因此得到了地方人士的青睐。

大师金言

唯有对所选的题目是发自内心的真实感想，演讲者才会表现得真诚、热心，也才能赢得听众的共鸣。

03 让听众产生共鸣

演讲都是由三个要素构成的：演讲者、演讲词以及听众。演讲者使自己的演讲与听众发生关联，演讲的情况才真正形成。演讲也许准备很周详；话题，演讲者可能也很热衷；然而要使演讲成功，还需考虑一个因素：那就是他要让听众觉得他要讲的内容很重要；演讲者不仅自己要对自己的话题充满热情，还得把这种热情传递给听众。历史上著名的雄辩家都具有这样的能力，或者是传播福音术，随你怎么叫。高明的演讲者热切地希望听众能够感觉到他所感觉的东西，同意他的观点，做他以为他们该做的事，分享他的快乐，分担他的苦闷。以听众为中心，而不是以自我为中心。他明白自己演讲的成败不由他来决定，而是由听众的脑袋和心决定。

在倡导节俭运动期间，我为美国银行学会纽约分会训练一批人，他们中有一个人特别无法和听众沟通。为了帮助他，我们采取的第一个措施是使他的大脑和心思对他自己的话题产生兴趣。我让他到一边去把题目思考再三，使自己对题目产生出热诚。我要他记住，纽约的"遗嘱认证

第三章
成功演讲并不难

法庭纪录"显示，85%的人过世时，没有留下一分家产，只有3.3%的人留下10000美元或更多的钱财；他要时常想着，他不是在求人发善心，或是求人做些经济无法负担的事，他要这样对自己说："我是在为这些人工作，以便他们老了以后可以老有所养、生活舒适，并给妻儿的生活一些保障。"我要他知道，他是在从事一项了不起的社会服务。

　　他想了一会儿，把这些事实考虑清楚以后，他的脑海里终于燃烧起热情来。他唤起了自己的兴趣，激发了自己的热心，并感到自己确实责任重大。于是，他开始外出演讲，那些传递他信念的词句为他赢来阵阵掌声，他把节俭的好处跟听众一起分享，因为他渴望帮助人。他不再是个脑子里装着一些简单事实的演讲者，他成了一名传教士，努力使人们信奉具有价值的信仰。

在我的教学生涯里，对训练教程中如何在众人面前说话的原则再三考虑。这些教程只是老师们经验和知识的总结，而他们并未从夸张的演讲技巧中有所突破。

我永远忘不了我的第一堂演说课。老师教我将两臂放在身体两侧，手掌朝后，手指半曲，大拇指轻轻靠近大腿。他又教我，把手臂举起，在空中画出优美的弧线，优雅地转动手腕，然后将食指张开，接着是中指，最后是小指。整套似乎合乎美学标准的动作完成之后，手臂要按着原来的弧度再度停放于双腿的两侧。整个表演既无生气，又有些做作，既不合理，也缺乏真诚。

我的老师并没有试图教我将自己的个性融入演讲之中，也没有让我像个正常人一样，兴趣盎然地与听众天南地北地交谈。这种机械化的演说训练方式，怎么能获得听众的认同呢？

大师金言

将经验与热情融入你的言语中，生机勃勃地面对听众，听众回报你的将是热情、鼓励和赞扬。

第四章
做好演讲前的准备工作

只要遵循正确的方法，做周密的准备，任何人都能成为出色的演讲家。相反，哪怕你有智者一样的年纪或者有非常老到的经验，如果没有适当的准备，仍然会在演讲中尴尬不已。

01 为何大学教授
　　说不过小摊贩

　　准备演讲,是否就是写下一些漂亮的词句,然后把这些词句拼凑在一块儿呢?是不是把一些偶然出现,但对你个人没有真正意义的思想集合在一起呢?绝对不是。所谓的"准备",就是把"你的"思想,"你的"念头,"你的"想法,"你的"原动力集合在一起,而且是你真的拥有这种思想、这种原动力。白天,你不会缺少它们;夜晚,它们甚至成群结队跑到你的梦中。你的生命里无时不在感觉新的东西,收集着经验。这些东西深深地留在你脑海深处,就像海滩上的圆石子。准备就是思考、回忆及选择最吸引你注意力的事物,然后加以修饰,将它们整理成一个整体,成为你思想的精工制造品。这听起来不像是很难的一个过程吧?确实并不困难。针对目标,给予你的专心、注意和思考就可以了。

　　在纽约某届培训班里,有一位现今是大学教授的哲学博士,还有一位年轻时在海军服役、个性耿直的小商贩。照你看来,哪一位的演讲更能吸引听众呢?是大学教授吗?事实并非如此,在培训期间,人们对那位小商

第四章
做好演讲前的准备工作

贩的演讲更为感兴趣。

　　大学教授演讲时，风度翩翩、用词考究、条理清晰。可他却恰恰忽略了基本的东西：内容过于空泛。你找不到他演讲中的任何实例，只有一堆堆的理论。小商贩的演讲却截然不同，他直奔主题，简洁扼要，举出具体的事例作论证；他举手投足之间无拘无束，配合清新的语言，显得活泼生动，自然就抓住了听众的心。

　　我讲这个例子，并不是要比较大学教授和小商贩之间的差别，而是想让你明白，不论你的受教育程度如何，只要你的演讲自然而充实，这才是吸引听众的重点所在。希望你能将此铭记在心，永不忘却。下面我举出几个小例子帮你加深记忆。

　　比如：说到德国宗教改革家马丁·路德小时候，我们可以说他

"调皮而倔强",但这样的用词并不能引起人们的注意。如果换一种方式,我们说他常被老师打手心,甚至"一上午要打十五六次",这样具体的数字一下就钻进了人们的耳朵里,效果会更好。

古希腊哲学家亚里士多德曾明确指出,那些意思含糊的词语是"怯懦者的躲藏之地",这些词语以往多应用在传统的传记中,现代传记早已摒弃了这种写法。例如,传统写法是:约翰·图伊的父母"贫苦而诚实";现代写法是:约翰·图伊的父亲没钱买鞋套,每逢下雨下雪,他只能用破麻布包裹鞋子,以确保双脚干燥。虽然他一贫如洗,但他从未在牛奶中兑水,也从没把病马冒充好马糊弄买主。这样的说法,既表明了"贫苦而诚实",又形象生动。

这种方法不仅适用于现代传记的创作,也对演讲家准备演讲大有帮助。

大师金言

不论你的受教育程度如何,只要你的演讲自然而充实,这才是吸引听众的重点所在。

第四章
做好演讲前的准备工作

02 给演讲
　　划定一个范围

　　一旦你确定了演讲的主题，第一步要划出演讲的范围，并且根据这个范围去做准备材料，切不可漫无边际。有位年轻人只有两分钟演讲时间，主题却定为《公元前500年雅典战争史》，这样庞大的主题一点都不实用，两分钟时间还不够他介绍雅典城呢！他妄图在一场演讲中涵盖广泛的领域，他必定会失败，别人什么都听不明白。有许多演讲，不能吸引听众的注意力，原因就在于此。为什么呢？因为听众的思想在短时间内，往往比较集中，只能集中在一点或几点上，不可能对一大堆东西全面关注。要是你的演讲像是世界年鉴的报告，即便再真实，你也不可能长时间地抓住听众的注意力。举个简单的例子，像《黄石公园》这样看似简单的题目，大多数人都想要面面俱到，不遗漏任何一个景点。听众就像走马观花一样被带着从一个地方到另一个地方，最后，溪流、高山、喷泉、等等，什么都没记住，反而搞得头昏脑涨。聪明的演讲者应该在公园中诸多的景色中挑选一处特殊的景物，或是动物或是温泉，详尽地描述，在有限的时间里，将公园鲜活生动地呈现在听众面前。

这个法则适用于任何演讲，不论演讲是关于销售、制作糕点、纳税制度还是原子弹，你在开始前都必须限定一个范围，以配合自己演讲的时间。

如果是5分钟之内的演讲，大致分成一到两点即可。大约30分钟的演讲，也不能超过4到5个要点，不然就很容易把演讲弄得散漫无趣。

大师金言

在有限的时间里，主题一定不能太多，要尽量将你的主题鲜活生动地呈现在听众面前。

第四章
做好演讲前的准备工作

03 多做积累，
   有备无患

只触及问题表面的演讲要比阐述问题深层意义的演讲容易得多，但同时也只能给听众留下浅显的印象，甚至没有印象。在主题和范围都确定后，你要多问自己一些问题，促进自己的思考，让准备工作更充分完全，让自己在演讲中更有把握。为什么我要这么说？这是我亲眼所见还是从经验得来？我想要证明什么？这件事情到底是怎样发生的？

解答这些问题，将使你加深对主题的了解，充满自信。也会使听众无形中受到感染，印象更加深刻。植物学家路德·波潘克被人视为怪异，他为得到一两种高级的品种，居然培育了百万种的新品。演讲就应该这样，你可以依照主题作出百种设想，最终你却要舍弃90种。

畅销书《内涵》的作者约翰·甘德表示，自己在写书或演讲之前，"搜集的相关资料总是十倍甚至百倍于我所实际需要的"。

一个极特殊的情况是，1956年，他准备写关于精神病院的系列文章。他拜访了全国各地的精神病院，分别和院长、工作人员及患者谈话。我有位朋友帮助他进行这项研究，这位朋友告诉我，他们一起跑遍了大小医院，从这栋楼到那栋楼，从楼上到楼下，不知走了多少路。甘德先生不知记了多少本笔记，在他的办公室里，从天花板到地面，堆满了政府、州、县医务报告、医院的文件和各类统计报表。

"最后，"我的朋友告诉我，"他一共写了4篇文章，篇幅都不长，简明生动，很适合拿来演讲。虽然完成的只是简简单单的几页纸，但为了使每个数字都基于事实，他积累的资料和笔记不下20磅。"

甘德先生对此很有心得，他知道自己是在挖掘一座埋着黄金的矿山，他不会放过任何一块矿石，最后将珍贵的金子筛选出来。

我有位朋友是外科大夫，他曾这样说："我只需10分钟就能让你学会割盲肠，可是想让你明白一旦出了问题要怎样弥补，这至少要用4年的时间。"

演讲的道理也与此相似，必须要做完整的准备，以备急需。比如，也许你和前一位演讲者侧重点大同小异，你不得不临时改变，或者要在演讲结束后，回答听众的突发提问。

第四章
做好演讲前的准备工作

你应该尽可能地在第一时间选定主题，这样会有充足的时间为此准备。不要拖拖拉拉，直到演讲的前几天才定下主题，那你就失去了最好的准备时机。每天你都可以有一些空闲时间，用来研究演讲内容，不断完善，提取思想的精华部分。在你开车回家、等车或是坐地铁的时候，不妨多想一想自己的演讲，也许随时都有新的灵感突然迸发。

诺曼·托马斯是个知名演讲家，他即使遭到和他不同政治阵营的听众的大力反驳，也能控制好他们的情绪，令他们尊敬自己。他说："如果你重视这次演讲，你就会无时无刻不在揣摩演讲的主题。当你走路时、阅读报刊时、上床睡觉或是睡醒时，你都这样做，很快你就会发现有无数有用的例子和妙语都自发地涌上你的心头。不费心思的准备只会带给人们毫无新意的演讲，也是对题目认识不清的结果。"

当你在为一场演讲做准备的时候，请千万不要把演讲顺序逐字逐句地罗列出来，千万不要这样，因为一旦你确定了一个范围，可能就会局限于此，不再对此进行进一步思考。而且，你也可能无意中开始背诵讲稿。

马克·吐温评价这样的演讲稿说："为演讲写下这样的文字，是不自由的，僵硬、不生动，它是文学作品，不会给你的舌头带来任何快感，不是真正为演讲而准备的。背诵它，就无法口齿灵活地传达信息。演讲并不是严肃的说教，应该用流畅自然的语言来吸引听众，如果只是照本宣科，那所有的听众估计都会烦闷不已。"

天才发明家查尔斯.F.凯特林对通用公司的成长贡献极大，同时他也是美国一位极负盛名的演讲家。曾经有人问他是否会把演讲内容事先都详细地写下来时，他回答说："我要讲的内容，我相信是非常重要的，无法写在纸上。我宁可让听众用心记下我的每一句话。我演讲中包含的情感和思想，可不是一张纸所能承载的。"

怎样才能使自己的积累足够多呢？一个没有足够知识积累的人，你当然不能希望他应对如流。学问是一个利器，有了这宝贝，一切皆可迎刃而解。你虽不能对各种专门学问皆有精湛的研究，但是对所谓"常识"却是必须具有的。掌握一般的"常识"的东西，在自己心中潜移默化消化吸收，就可以巧妙地运用在各种场合，那么，假如需要你做10分钟的兴趣谈话，我想是不难的。

与时俱进，这是你充实自己的方法。每天的报纸，每月所出的各种著名杂志，都是必须阅读的，这是最低限度的准备工作，如果你想在演讲中出人头地的话。世界的动向，国内军政情形，一般的经济状况的趋向，科学界上的新发明和新发现，世界所注目的地方或新闻人物，以及艺术名作、时尚风向、电影戏剧新作品的内容，等等，皆可从每日的报章和每月的杂志中看到。我们看到很多人，无论是坐在公交车上还是午休的一点时间，都在看报纸或者杂志，这样的习惯是应该养成的。

大师金言

知识是任何事业的根本，你要使你的演讲生动而丰富，能适应任何人的喜好，就要多读书报杂志，使天地间的知识储备在你的大脑中，到要应用的时候，则可选择整理，应用自如了。

第四章
做好演讲前的准备工作

04 尽量使用
描述和例证

1941年12月7日,日本偷袭美军太平洋基地——珍珠港。12月8日,罗斯福总统在国会大厦向参众两院的议员们、最高法院的法官和政府部长们,提出对日宣战的决议,并通过美国广播公司向美国发表了慷慨激昂的《关于宣战对国会的演讲》。

这篇著名演讲仅仅有6分钟,却简明有力,把激昂愤怒之情融于理智精要的分析批判中,产生了巨大的说服力和强烈的鼓动性。如此短小精悍的演讲,能达到如此强烈感人的效果,绝不是一般演讲家所能达到的艺术境界,同时,这也是历史之声,他向世界发出的正义之声。下面我们再来重温这篇经典的演讲:

副总统先生、议长先生、参众两院的议员们:

昨天,1941年12月7日——它将永远成为美国的国耻日——美利坚合众国遭到了日本帝国海、空军有预谋的突然袭击。

　　美国当时同该国处于和平状态,而且应日本的请求,仍在同它的政府和天皇进行谈判,以期维持太平洋地区的和平。其实,就在日本空军中队已经开始轰炸美国瓦胡岛之后一小时,日本驻美大使及其同僚还向我们的国务卿递交了一份对美国最近一封信函的正式答复。虽然复函声言继续进行外交谈判似已无用,但并未包含有关战争或武装进攻的威胁或暗示。

　　应该将这一点记录在案:夏威夷同日本相距甚远,显而易见,这次进攻是许多天甚至数星期之前便精心策划好的。在此期间,日本政府故意通过虚假的声明和希望维持和平的言辞欺骗美国。

　　昨天,日军对夏威夷群岛的袭击,使美国海陆军部队遭受重创。我沉痛地告诉各位,许许多多的美国人被炸死。此外,据报告,美国船只在旧金山和火奴鲁鲁的公海上亦遭到鱼雷袭击。

昨天，日本政府也发动了对马来地区的袭击。

昨夜，日本军队袭击了香港。

昨夜，日本军队袭击了关岛。

昨夜，日本军队袭击了菲律宾群岛。

昨夜，日本军队袭击了威克岛。

今晨，日本军队袭击了中途岛。

这样，日本就在整个太平洋区域发动了全面的突然袭击。昨天和今天的事实说明了一切。美国人民已形成了自己的见解，并完全明白我们国家的生存和安全所受到的威胁。

作为陆海军总司令，我已指示采取一切措施进行防御。

我们整个国家都将永远记住这次日本对我袭击的性质。

不论要用多长的时间才能战胜这次预谋的侵略，美国人民的正义之师必将赢得全胜。

我相信我表达了国会和人民的意志：我断言，我们不仅将尽全力保卫我们自己，而且将确保永远不再受到这种背信弃义行为的危害。

战争业已存在。谁也不能否认，我国人民、我国领土和我国利益正处于极度危险之中。

我们相信我们的武装力量，依靠我国人民的无比坚强的决心，我们必将取得胜利。愿上帝保佑我们。

我要求国会宣布，自1941年12月7日星期日日本对我国无端进行卑鄙地袭击，美国同日本帝国之间已处于战争状态。

在这篇演讲中，罗斯福总统列举了日本军队一系列的侵略行动，使人倍感形势的紧迫，使美国人民从切身的利益出发，迅速抛弃了孤立主义的情绪，很快参加到反法西斯的战争中来。

在《写作的艺术》一书里，鲁道夫·弗里奇在某一章的开头这样写道："只有故事才能畅达可读。"接着，他利用《时代》与《读者文摘》来说明如何运用这条法则。他说，这两份受人喜爱的杂志每篇文章几乎都是以纯粹的叙述文字来写的，或者是充满了很多趣闻轶事。无可否认，故事在演讲中也具有吸引听众注意力的作用，就跟写杂志差不多。

下面的一个故事也许对你有所启发。

古时，一个音乐家得罪了皇帝，被关在监牢里，可是他还是每天拉他那心爱的小提琴。

到了执行死刑的前一天，狱卒问他："明天你就死了，今天还拉它干什么呢？"

你猜那个音乐家怎么答呢？他说："明天就要死了，今天我不拉，还有什么时间拉它呢？"

这不过是个故事，姑且不论跟我们这个题目是否有关，但是有一点是清楚的，人们对故事感兴趣，渴望听下去，并知道最终的结果。既然如此，为何不在讲故事上下点功夫呢？

很多人都喜欢听诺曼·文森特·皮尔的演讲。他说，在演讲中，他最喜欢用举例子的方法来证明自己的论点。一次，他告诉《演说季刊》的一位采访人说："使用真实的例子，是我所知道的最好的方法。它可以使主题明确、生动，且具说服力。我经常使用好几个例证来支持我的论点。"

阅读我的作品的读者，很快会察觉我也喜欢使用有趣的故事来论说我的要点。《人性的弱点》一书里的原则，列出来只有一页半，其余的几百页里都是故事和例证用以引导读者如何有效地利用这些法则。

第四章
做好演讲前的准备工作

我们怎样接受这些重要的技巧并恰当地使用这些实例资料呢?有五种方法供我们选择:人性化、个性化、具体化、戏剧化和视觉化。

1.演讲要具人情味。

如果你老是谈事情或一些观念性的问题,很可能令人感到厌烦,但如果你谈论的是人的问题时,绝对可以吸引人们的注意力。当新的一天到来时,在全国各地,隔着后院的篱笆,在茶几和餐桌上,会有几百万次交谈进行着——大部分交谈的主要内容将是什么呢?人。他说,某某太太做了这件事,我看到她干了什么事,他发了一笔"横财",等等。

我曾在美国和加拿大各地的学生聚会上发表演说,我很快从经验中学到:要想引起他们的兴趣,必须说些跟人有关的故事。每当我谈到较为广泛和抽象的观念时,孩子们就坐立不安了:约翰显得不耐烦,在座位上挪动着身子;汤姆对旁边的同伴扮鬼脸;比利把某件东西丢向另一排座位。

有一次,我要求巴黎的一群美国商人就"怎样获得成功之道"发表演讲。他们大多数人都只列举了一大串抽象的特征,并且大谈什么勤奋工作、坚持不懈和远大抱负的价值等空洞的语言。

因此,我中止了上课,说了下面这番话:

我们没有人愿意别人对我们说教。请记住,一定要让我们感到愉快和有趣,不然,不论你说什么,都不会引起我们的注意。同时也请记住,世上最有趣的事情,莫过于精炼雅致、妙语生辉的名人轶事。所以,请告诉我们你所认识的两个人的故事,告诉我们为什么他们一个会成功,而另一个却失败了。我们会很乐意听。而且,没准我们还会从故事中受到很多启发呢。

我们班里有个学员,总觉得要提起自己的兴趣或激起听众的兴趣是非常困难的。可是这一晚,他却懂得了"人性兴趣"的建议,向我们讲述了两个大学同窗的故事。

他们中有一位,做事非常谨慎,在城里不同的店里买衬衫,并制作图表,显示哪一件衬衫最经得起洗熨,最耐穿,以求使自己的每块钱都能得到最有价值的利用。他的心思总在一分一厘上计较。等他毕业后,他自视甚高,不愿像别的毕业生那样从基层开始做起。因此,第三年的同学聚会来临时,他仍旧在画他的衬衫洗熨表,仍然在等待好事的到来。可是好事就是不来。从那时到现在,已过了四分之一个世纪,他一生都在抱怨、不满,终究没什么作为。

然后,这个演讲者又把这一失败的例子拿来和另一个同窗的故事比较:这个同学已经超越了自己当初所有的期盼。这位朋友很容易相处,每个人都很喜欢他。虽然他立志要成就一番大事业,却甘愿从绘图员开始做起。不过,他总在寻找机会。当时纽约世界博览会正在筹备阶段,他打听到那里需要工程人才,便辞去费城的职务,前往纽约。他在那里与人合伙搞起了承包工程的业务。他们承包了很多电话公司的业务,而此人最终也被世博会以高薪聘用。

我这里所说的,只是这个演讲者所说的概要而已。他叙说了许多动人而充满人情味的细节,使他的演讲妙趣横生。他一直说着,说着。这个人平常总说自己连3分钟演讲的资料都找不到,但等他演讲完了,他吃惊地发现,这次,他讲了足足10分钟。因为讲得太精彩了,所有人似乎都觉得意犹未尽。这是他第一次真正的胜利。

几乎人人都会对这件事有所领悟。演讲中若能带有含人情趣味的故事,一定能引人入胜。演讲者应该只讲述少数重点,然后以具体的事例作

第四章
做好演讲前的准备工作

为引证。这样的演讲方法，一定能抓住听众的耳朵。我们每个人都会在这样的故事中有所领悟。

如果可能的话，这些故事应该谈及个人的奋斗，以及经过奋斗而获得胜利的过程。我们每个人都会对他人的奋斗及战斗拥有十分浓厚的兴趣。有句老话说"世人皆爱情人"，不是的，世人皆爱打架。人们最喜欢看两位男人为追求一位女性而大打出手。如果你想证明这一事实，不妨去阅读任何一篇小说、杂志上的短篇故事，或是去看任何一场电影。当所有的障碍都被克服，那位男主角最后终于把所谓的女主角抢到手中时，观众们立即开始伸手去取他们的帽子和外衣。5分钟后，清扫的妇女就要一面打扫戏院，一面喋喋不休了。

所有杂志上的小说，几乎都是以这种方式为基础。所有的作者都在尽一切可能使读者喜欢故事中的男主角或女主角，使他或她去热烈追求某些事物，使那些事物显得似乎无法获得，然后再描述男主角或女主角如何奋斗而终于得到了他们所需要的。

一个人如何在恶劣的情况下，在某种环境或情况下艰苦奋斗，最后终于获得成功，这类故事一向最能激动人心，一向最能吸引人们的兴趣。有一次，一位杂志编辑对我说，任何人的真实及内幕性的生活都是很有趣的。如果某个人经历了挣扎与奋斗——谁不曾有过这种经验呢——只要把他的故事正确地说出来，必然会引起人们的兴趣，这是毫无疑问的。

当然，这种材料都来自于你的生活。不要因为觉得不该谈论自己，便踌躇不敢述说自己的故事。一个人只有在心怀敌意、狂妄自大地讲述自己时，才会引起听众的反感。不然，听众对演讲者所叙的亲身故事会非常感兴趣。亲身经验是吸引人们注意力最稳当、可靠的方法，千万别忽视了它。

2.提名道姓，使演讲具体化。

最重要的是，如果故事牵涉到别人，最好使用他们的真名，如果想保护他们的隐私，也可以杜撰假名。即使你使用像"史密斯先生"或"乔·伯朗"等不具个人特性的名字，也比使用"这个人"或"某个人"生动。人名具有显现个体的作用，就像鲁道夫·弗里奇所说的，"没有什么能比名字更能增添故事的真实性了；隐姓埋名，是最虚伪的。试想一下，没有人名的故事有什么意思。"

如果你的演讲中出现许多名字与个人的代称，你就可以确定这个演讲很值得一听，因为你的演讲已有了非常重要的因素——人情趣味。

3.要明确而有细节。

关于这点，你也许会说："这样当然好啦，但是我怎么知道细节是否充足？"有可以测试的方法。利用新闻记者写新闻所遵循的"五W原则"：何时（When）、何地（Where）、何人（Who）、何事（What）、何故（Why），假如你也依照这个原则来做，你的例子便会生机盎然。我先举出一件自己的趣事加以说明。这则趣事在《读者文摘》上刊载过。

离开大学以后，我用了两年的时间在南达柯他州到处跑，在铁甲公司做销售。我四处旅行，坐的都是运货卡车。一天，我必须在费城耽搁两小时才能搭上一班南行的火车。由于费城不在我负责的区域之内，因此这段时间我无法进行推销工作。还有不到一年的时间，我就要去纽约的美国戏剧艺术学院念书了，所以，我决定利用这段空闲来练习演讲。我漫无目的地走过停车场，开始演练莎士比亚《麦克白》里的一幕。我一边猛地举起双臂，一边戏剧性地高呼："在我眼前的是把匕首吗？它的柄正朝着我？来吧，让我握着你，虽然抓不着你，但我依然能够看见你！"

第四章
做好演讲前的准备工作

当我正沉浸在剧中时,四名警察突然朝我扑来,问我为何要恐吓妇女。我非常惊恐,就算他们指控我抢劫火车,我也不会感到如此惊异。他们告诉我,有个家庭主妇,一直在一百码以外从自己厨房窗帘的后面注视着我。她从未见过这样的举动,便打电话给警方,而他们到达时,恰好听到我在吼叫着关于匕首的情节。

我告诉他们,我是在"演练莎士比亚",但是,直到我出示了铁甲公司的订货簿以后,他们才同意放我。

请注意,这则趣闻是怎样回答了上面"五W"公式里的各个问题。

当然,细枝末节过多还不如没有细节。我们都曾被冗长、肤浅且跟主题无关的细节搞得烦厌不堪。注意看看,我在叙述自己在南达柯他州某镇几乎被捕的事件里,对于五个W问题里的每一个,都有简短扼要的回答。假如演讲中乱糟糟的全是鸡毛蒜皮的琐事,听众一定不能全神贯注。抹杀一个演讲最严重的就是导致听众的不专注。

4.利用对话,使演讲戏剧化。

假设你要举例说明自己如何利用人际关系的原则成功地平息了一位顾

客的怒火，开头可能会这样说：

前几天，有个人走进我的办公室。他怒不可遏，因为我们前一周送到他家里的器具操作不灵了。我对他说，我们将竭尽所能处理好这种情况。一会儿之后，他平静下来，对我们全心全意要把这件事情做好显得很满意。

这个小事件有个优点——它十分详细——可是它缺少姓名、特殊的详情，以及最紧要的能使这件事活生生呈现眼前的对话。下面是添枝加叶后的故事：

上星期二，我办公室的门砰的一声被推开了。我抬头一看，查尔斯·伯烈克正怒气冲冲地朝我走来。他是我们的一位老顾客。我没来得及请他坐下，他劈头就说："艾德，这是你最后的一件事了，你即刻派辆卡车来，把那台该死的洗衣机给我从地下室里拖走。"

我问他怎么回事，气急之下，他几乎无法回答。

"它根本不能用，"他吼道，"衣服全缠在一起，我老婆讨厌死它、烦死它了。"

我请他坐下解释清楚些。

"我才没时间坐下，我上班已经迟到了！我以后再也不到这儿来买家庭用品了。你相信我，我再不来了。"说到这儿，他伸出手来，又是拍桌子，又是敲我太太的照片。

"听我说，查理，"我说，"你坐下来把经过都告诉我，我答应你，我会为你做一切我应该做的事，好吧？"听了这话，他才坐下，我们总算平平静静地把事情谈清楚了。

并不是每一次你都可以把对话加进演讲中去。不过你应该可以看出，上面摘录中引用的对话，使故事更具戏剧性。如果演讲者模仿原来的声调语气，对话就更有意思了。而且日常生活中的会话，会使演讲更具真实性。它会让你有就好像是一个人正隔着一张桌子跟你讲话一样。而不是像个学富五车的老学究在学会会员面前宣读论文，或是像个大演说家对着麦克风狂吼。

5.把演讲的内容视觉化。

心理学家告诉我们，85％以上的知识，是经由视觉印象为我们所吸收的。这无疑向我们说明了电视之所以为广告与娱乐媒介，以及其所以收效甚大的原因。当众说话也是如此，它既是一种听觉艺术，也是一种视觉艺术。

以细节来丰富演讲，最好的方法是让内容视觉化。也许，你花费几个小时只是为了告诉我如何挥动高尔夫球杆，我可能会对此感到厌烦。可是，如果你站起来表演怎样把球击下球道，那我就会全神贯注地听了。同样地，如果你用手臂和肩膀来描绘飞机飞行不稳的情况，我肯定听众会更关注你在生死边缘徘徊的结果。

我记得一个实业界人士组成的班级里有一场演讲，它所展现的视觉细节非常难得。演讲者是在跟视察员和效率专家开一个无伤大雅的玩笑。他模仿这些先生们在检验破损的机器时所做的手势与身体的滑稽动作，比我在电视上看过的一切都有趣生动多了。更值得一提的是，视觉化的细节使人对那场演讲难以忘怀——至少我再也忘不了了，我相信，班上其他的学员也一定至今还会谈论到它。

请听听下面这一段英国历史学家麦考莱对查理一世的谴责。请注意，麦考莱不仅使用了图画，也运用了平行的句子。强烈的对比，一向能吸引住我们的兴趣。强烈的对比，就是构成下面这一段文字的砖头与水泥：

我们指责他破坏了自己的加冕誓言，而却有人说他维持了婚姻誓言！我们指责他放弃他的子民，使他们遭受脾气暴躁的主教的无情打击，而却有人替他辩护说，他把他的小儿子抱在膝上亲吻！我们指责他在答应遵守《权利法案》之后，却又违犯了其中的条款，而我们却被告知，他习惯于在清晨6点祈祷！基于上述这些考虑，以及他的范大克式的服装，他那张英俊的脸孔和他那尖削的胡子，他的声望应归功于我们这一时代。

大师金言

人性化、个性化、具体化、戏剧化和视觉化，这是一场成功的演讲必不可少的因素。

第四章
做好演讲前的准备工作

05 多用具体、
　　耳熟能详的字眼

　　演讲者的第一目标是吸引听众的注意力；要做到这一点，还有一个极为重要的技巧，然而，它却完全为人们所忽视。一般的演讲者，似乎并没有注意到它的存在，也恐怕从未感觉到它，想到过它。我所说的这个技巧，就是使用能形成图画般鲜明景象的词句。能够让听众感觉轻松愉快的演讲者，是最能在你眼前塑造景象的人。使用模糊不清的、烦琐的、无颜无色的语言的演讲者，只会让听众打瞌睡。

　　景象！景象！景象！它们就像你呼吸的空气一样，是免费的呀！而把它们点缀在演讲里，你就更能给别人带去欢乐，也更具影响力。

　　举一个例子，假设你想说明，尼亚加拉大瀑布每天所浪费掉的潜在能量极为惊人，而你只是概略地这样说，然后说，如果这些能量能够使用起来，会让更多的人获得温饱。这样的讲述有没有趣呢？没有趣。下面引述了爱德文·史洛森在《每日科学新闻公报》中对这件事的报道，比较一下，他的讲述是不是精彩很多？

081

我们知道，美国境内有几百万穷人吃不饱，穿不暖。然而，在尼亚加拉瀑布这儿，却平均每小时浪费25万条的面包。我们可以在脑海中想象，每小时有60万枚新鲜的鸡蛋从悬崖上掉下去，在漩涡中制成一个大蛋卷。如果印花布不断从一架像尼亚加拉河那样宽达1300米的织布机上被织出来，那也就表示有同样数量的布料被浪费掉了。如果把卡内基图书馆放在瀑布底下，大约在一到两小时内就能使整座图书馆装满各种好书。或者，我们也可以想象，一家大百货公司每天从伊利湖上游漂下来，把它的各种商品冲落到50米下的岩石上。这将是一种极为有趣而壮观的景象，会和目前的尼亚加拉的瀑布一样吸引人，而且不必再花钱维护。然而，某些人可能以浪费为理由来反对，就如同目前有人反对利用瀑布流水的能量一般。

看看这里面有哪些图画般的词句？"25万条面包、60万枚鲜蛋从悬崖上滚落下去、漩涡中的大蛋卷、花布从1300米宽的织布机跑出来、卡内基图书馆被放在瀑布下、书籍、一个漂浮的大百货公司被冲落……"它们在每一个句子中跳跃、奔跑，多得像澳洲草原上的野兔。要想不理会这样的一场演讲或文章，几乎很困难，就像面对电影院银幕上正在放映中的电影而不让自己去观看那样困难。

赫伯特·斯宾塞早就在他那篇著名的论文《风格哲学》中指出，优秀的文字能够唤起读者对鲜明图画的联想。

我们不做一般性的思考，而是做特殊性的思考。我们应该尽量避免写出这样的句子：

一个国家的民族性、风俗及娱乐，如果是残酷而且野蛮的，那么，他们的刑罚必然也很严厉。

第四章
做好演讲前的准备工作

我们应该把它改写成下面这样子：

一个国家的老百姓如果喜爱战争、斗牛以及欣赏奴隶公开格斗，那么，他们的刑罚将包括绞刑、烧烙及拷打。

在莎士比亚的著作中，也同样充满可以呈现出图画的段落，而且多得简直像果汁厂附近的蜜蜂。比方说，一位平凡的作家说，某件事是多余的，完全是把已经很完美的事情还想再加以"改善"。莎士比亚会怎么表达这同样的意思？他写出了不朽的图画似的字句："给精炼过的黄金镀金，替百合花上涂彩，在紫罗兰上洒香水。"

你有没有注意到，那些世代相传的谚语，几乎全都是具有视觉图像的字句。"一鸟在手，胜过两鸟在林。""不雨则已，一雨倾盆。""你可以把马牵到水边，但却不能逼它喝水。"那些流传好几世纪而且广被使用的比喻里，也不难发现同样的具有图画效果的字句："狐狸般狡猾。""僵死得像一枚门钉。""像薄煎饼那样平板。""硬得像块石头。"

林肯总统也一直使用有视觉效果的语言来讲话。当他对那些每天送到他白宫办公桌上的冗长、复杂的文件感到厌倦时，他说："当我派一个人出去买马时，我并不希望这个人告诉我这匹马的尾巴有多少根毛。我只希望知道它有什么样的特点。"

请把你的眼睛看向那些形象明确又独特的事物上，用语言描绘出内心的景象，使它突出、显著、分明，像落日余晖映照在公鹿头角的长影。举个例子说，听到"狗"这个词，我们就会想起它的具体的形象——也许是只短腿、长毛、大耳下垂的小猎犬；一只苏格兰犬；一只圣伯纳犬，或是一只波密雷尼亚犬，等等。但是演讲者如果说出"斗牛犬"，一种短毛、方嘴、勇敢、顽强之犬，你脑海里映现出的形象一定很鲜明。"一只有斑纹的斗牛犬"是不是映现出比刚才更鲜明的形象？说"一匹黑色的雪特兰小马"是不是比说"一匹马"逼真？"一只白色、断了条腿的矮种公鸡"，难道不比仅仅是一个"鸡"字给人更具体的图像吗？

小威廉·史瑞克在《风格之要素》一书中这样阐述："那些研究写作艺术的人，如果他们观点有一致的地方，那么这个观点就是：他们认为能够抓住读者注意力，最稳妥的方法是要具体、明确和详细。像荷马、但丁、莎士比亚等这样一些最伟大的作家，他们高明的地方，就是由于他们在处理特殊的情境，并叙写关键的细节时，他们的语句能在读者脑海里形成景象。"

写作是这样，讲话也是这样。

多年以前，我和参加"成功演讲"课程的学员进行了一项关于"有效讲话"的实验：就是要讲事实。我们订了一个规则，在每个句子里，必须有一个事实、一个专有名词、一个数字或一个日期。我们获得了革命性的成功。学员们拿它当游戏，彼此指出对方的毛病。没过多久，他们便不再说那些只会漂浮在听众头上模糊不清的语言了，他们说的是大街上的普通人使用的那种明确、活泼的语言。

法国哲学家艾兰说："抽象的风格总是不好的，在你的句子里应该满是石头、金属、椅子、桌子、动物、男人和女人。"

日常对话也是这个样子。事实上，本章中说过的一切有关当众说话时的技巧，同样适用于日常交谈。是细节使谈话充满生气和光彩的。任何人要想成为高超的交谈者，都要牢记这些劝告，这样你会有很多的收获。销售员使用它，也会发现它特有的魔力。那些担任主管职务的人、家庭主妇和教师们，也能够发现自己在下达命令和传播知识、消息时的方式，因使

第四章
做好演讲前的准备工作

用具体、实际的细节而变得清楚，效果也当然好了。

让我们来看看一篇得奖的演讲，它可以作为使用这样一些原则的典范。

主席、各位朋友：

早在140年前，伟大的美利坚合众国诞生在我的家乡费城。这样一个有着骄人历史的城市，拥有强烈的爱国精神，它不仅是全国最大的工业中心，也是全世界最具魅力的城市。

费城的面积约有130平方英里，相当于米尔瓦吉和波士顿，或者巴黎加上柏林的大小，生活着近200万居民，我们为他们提供了近800英亩的公园、广场、林荫大道，这是人们悠闲漫步的场所，也是每一位美国人民应该享受的美好环境。

朋友们，美丽干净的费城还是全球知名的"世界工厂"，因为全城有9200家工厂，有40万人为之服务，在每个工作日，每10分钟就能创造10万美元的价值。曾有一位著名学者作过统计：美国境内，再没有第二个城市，能像费城一样，生产出这么多木制品、皮革制品、针织纺织品、鞋帽、五金电器、电池、船舶及其他各种产品，从白昼到黑夜，每隔两小时，我们就出产一部火车车头。美国一半以上的人口乘坐的是费城制造的电车。每分钟我们生产出1000支雪茄。仅在去年，费城115家袜厂就给全市每一位男女老少都作了两双袜子。英国和爱尔兰生产的地毯加在一起也没有费城出的多。我们银行去年总交易金额共计370亿美元，这个庞大的数字足以抵付美国第一次世界大战时期发行的全部公债。

我们为自己取得的骄人业绩而感到自豪，也为我们是美国最大的教育、医学、艺术中心而骄傲，但是最令我们高兴的是：世界上没有一个大都市的私人住宅，能够超越我们的家乡费城。在费城，我们有397000栋私人住宅。如果把这些住宅纵向排成一队，那可以从费城一直排到你我此时所在的堪萨斯市会场，再一直排到丹佛，总长超过1881英里。

欧洲君主制度无法在费城的土地上生存，我们费城的人民所接受的教育以及我们的工商业，全都源于我们祖先的伟大传统，也来自真正的美国精神。费城孕育了伟大的美国，也是美国自由的基石。在我们这里，制作了第一面美国国旗，在这里，召开了第一届美国国会，也是在这里签订了《独立宣言》。同样在这里，伫立着国家的珍宝——自由钟，这是全美国人民都为之尊敬的象征。费城人民担负着神圣的任务，世世代代传播美国精神，让自由之光永远笼罩大地……

第四章
做好演讲前的准备工作

  这篇讲演稿的完美之处,首先在于它的结构,开头和结尾遥相呼应。这并非易事,最起码不像你想象的那么容易。它从起点出发,向着自己明确的目的地飞去,既不左顾右盼,也决不四处流连。

  其次,这篇演讲词先声夺人,一开始就亮出了绝无仅有的一项特质,费城是美国的诞生之地。它用传统的叙事方式说出费城最大、最美之处,但紧接着就用具体的比较来说明城市的大小:"相当于米尔瓦吉和波士顿,或者巴黎加上柏林。"这样一来,听众脑海中,有关面积的数字变得立体起来。

  当他讲"费城还是全球知名的'世界工厂'"时,听众也许觉得有些好笑,可是它很聪明,接下来就列举了"木制品、皮革制品、针织纺织品、鞋帽、五金电器、电池、船舶",详细的举证,立刻让它前面的"大话"变得不再空泛。它又说"每隔两小时,我们就出产一部火车车头。美国一半以上的人口乘坐的是费城制造的电车"。听众马上会想到:"这我还是第一次听说,也许我坐的就是费城出产的电车呢。以后可要注意看一看。"接着说到的雪茄和袜子,更让听众不由自主地联想到:"我抽的雪茄会不会就来自费城,还有我脚上这双袜子……"

  下一步,它并没有像某些演讲者那样,从一个问题跳到另一个问题,然后又回来讲前一个问题遗漏的部分。如果那样做,无疑会令听众变得稀里糊涂。有很多演讲者总是这样,不按照1、2、3、4、5的顺序来讲,而是像橄榄球队长的战术那样变化不定:27、34、19。实际上,有的演讲者更糟糕,他是谈到27,又谈到34,然后急急忙忙地扭头再去说27……

  这位演讲者明确自己的方向和节奏,不慌不忙地向前讲下去,就像他提到的火车头一样,不会随便转弯掉头。而且,他清楚自己只有5分钟的演讲时间,一秒也不能超过,因此,他做出了一些牺牲,把费城是"美国最大的教育、医学、艺术中心"这句话一带而过，没有任何引申例证，直接谈到下一个问题，人们对此印象一定不会深刻。但他接下去列举了私人住宅"397000栋"，为了更具体形象，他把它们排列起来"从费城一直排到你我此时所在的堪萨斯市会场，再一直排到丹佛，总长超过1881英里。"听众一转眼，就会忘记这些具体数字，但却无法从脑海中抹去他所形容的景象。

  翔实的资料是演讲的基础，但现场发挥尤为重要。这位演讲者就深谙此道，巧妙地带动听众的热烈情绪。他夸赞说：费城是美国自由的基石。自由——多么美妙神奇的词语，令无数人热血沸腾，不惜为此献出生命。他举出了国旗、国会、《独立宣言》、自由钟，熟知的历史再次打动了听众的心，都为此情绪激昂，这才是演讲的高潮部分。

  这篇演讲词条理分明，轻重缓急处理得十分妥当。最可贵的是演讲者的出色表现，他怀着满腔的诚挚热情完成了这次演讲。两者完美地配合，使演讲者获得了"芝加哥大奖"。

大师金言

  景象！景象！景象！当景象栩栩如生地呈现在听众面前的时候，还有什么能使听众的眼光从你的身上离开呢？

第五章
为你的演讲赋予生命力

　　生命力、活力、热情，是演讲者首先要具备的条件。人们群聚在生龙活虎的演讲者四周，就像野雁围着秋天的麦田打转，听众的情绪完全受演讲者左右着。而一场没有生命力的演讲绝不会打动听众。

01 生命力是演讲的灵魂

绝对不要消耗了你的精力，旺盛的精力是很吸引人的。我雇用演讲班的演讲者和指导老师时，首先注意他们是不是拥有活力、活泼、热情这些美德。人们总喜欢聚集在精力旺盛的演讲者身旁，就如同野雁总喜欢聚集在秋天的麦田里一样。

第一次世界大战结束不久，我到了伦敦与罗威·托马斯共事。他当时正为阿拉伯的阿伦比和劳伦斯发表精彩绝伦的演讲，听众场场爆满。

一个星期天，我走进海德公园。在大理石拱门入口附近，各种主义、人种、政治、宗教信仰的演讲者都可以畅谈自己的主张，不受法律的干涉。有三位演讲者正在发表演讲，一位天主教徒解释教皇无谬论，一位社会主义者谈论马克思主义，第三个演讲者正说一个男人应该有四个妻子才算恰当！后来，我走开了，站在远处观察那三群人。

你会相信吗？那个鼓吹一夫多妻制的家伙，听众的人数最少，只有寥寥几个！另外两个演讲者的听众却越来越多。我自问这是什么原因？难道

第五章
为你的演讲赋予生命力

因为是不同的题目的关系吗？我想不是。我观察后认识到，问题的本身出自两位演讲者身上。那位大谈有四个老婆是多好多好的家伙，自己却不像有兴趣讨四个老婆；可是另外两个演讲者，为自己的理论说理论道，忘我地沉浸在各自的讲题里。他们好像是拼着性命在演讲，舞动手臂做着激烈的手势，声音高昂而充满信念，散发着热情与活力。

生命力、活力及热情——我一直认为这三样是演讲者必须具备的首要条件。人们群聚在生龙活虎的演讲者四周，就像野雁会围着秋天的麦田打转。

大师金言

热爱你的讲题，付出热情、信念、活力，你就会抓住听众的注意力。

02 选择自己熟悉的主题

在前面的叙述中，我一再强调对自己的题目要有深刻的感受，这极为重要。除非对这个题目有特别偏爱的情感，否则就别想让听众相信你。道理很简单，如果你对题目有经验或实际接触过，对它充满热诚——像某种嗜好或消遣的追求；或者你因为已经对题目有过深思和有着个人的关注，因而满腔热情，那么就不愁演讲时会没有热情了。20多年前的一场演讲，因为热诚而造成的说服力现在还鲜明地呈现在我的眼前。我听过很多令人心服的演讲，可是这一个——我称它是"兰草对山胡桃木灰"案——却独树一帜，成为真诚战胜常识的绝佳例子。

纽约一家极具知名度的销售公司里，有个一流的销售员提出反常的论调，说他已经能够使"兰草"在无种子、无草根的情形之下生长。他将山胡桃木的灰烬撒在新犁过的土地里，然后一眨眼间兰草便出现了！所以他坚决相信山胡桃木灰——而且只有山胡桃木灰是使兰草生长的原因。

评论他的演讲时，我温和地对他指出，他这种非凡的发现，如果是真

第五章
为你的演讲赋予生命力

的,他将一夜暴富。因为兰草种子每蒲式耳价值好几块钱。我还告诉他,这项发现会使他成为人类史上一位杰出的科学家。我告诉他,没有一个人——不论是活着的还是已经死去的——曾经完成或有能力完成他所声称已完成的奇迹,即还没有人从无生命的物质里培育出新的生命。

我非常安静地告诉他这些,因为我感到他的错误非常明显、非常荒谬,他的理论不攻自破。我说完之后,班上的学生都看出了他论述中的谬误,唯独他自己看不见。他对自己的观点非常热衷,热衷得简直不可救药。他立即起立告诉我,他没有错。他并不是在引证某种理论,他只是在陈述自己的经验。他也知道自己现在是在跟谁讲话,他继续往下说,扩大了原有的论述,并提出更多的资料,举出更多的证据,他的声音透出真诚与诚实。

我再度告诉他：在这个世界上，他的观点正确的可能性渺小之极，或者像慢跑几千里一样。他马上又站了起来，提议用5美元跟我打赌，让美国农业部来解决这场纷争。

你想知道后来发生了什么事吗？班上有好几个学生都站在了他那边。许多人开始半信半疑。我如果对此做个明确的表决，我相信班上一半的学员都会倒向他的那一边。我问他们，是什么动摇了他们原先的论点的？他们都说是演讲者的热诚和笃信使他们开始怀疑自己常识性的观点。

好了，既然班上的学员们如此轻信他，我只得写信给农业部。我告诉他们，问这样一个荒谬的问题，真觉得不好意思。果然，他们的答复说，要使兰草或其他活的东西从山胡桃木灰里长出是不可能的。他们还附加说明，他们还从纽约收到另一封信，也是问同样的问题。原来那位销售员对自己的主张太有把握了，因此也给农业部写了封信。

这件事给我上了一课，使我终生难忘，也给了我一个很好的启示。演讲者若是热切强烈地相信某件事，并热切强烈地发表自己的观点，便能获得人们对他的信任，即使是他称自己能从尘土和灰烬中培植出兰草也无妨。既然这样，如果我们归纳、整理出来的信念合乎真理，会更具说服力。

大多数的演讲者都会怀疑自己选择的题目能否激起听众的兴趣。只有一个方法能保证他们对此兴趣斐然：点燃自己对话题的狂热，就能调起听众的兴趣了。

不久前，在巴尔的摩的一个训练班里，我听到一个人热诚地演讲，主张控制对奇沙比克湾石鱼的捕捞，否则几年之后，石鱼将会灭绝。在他开讲之前，我和大部分学员一样，连石鱼究竟是什么东西都一无所知，但是看得出，他认为这件事情非常重要，而且满怀热切。这样真挚诚恳的演

第五章
为你的演讲赋予生命力

讲打动了每一个人，不等他讲完，我们已经群情激昂，恨不能马上联名写信，请求政府颁布法令保护石鱼。

理查德·华西本·乔尔特是美国前驻意大利大使，也是一位著名的作家。当被人问起成为一名受欢迎的作家的成功秘诀时，他回答说："我只是想告诉人们，我对生命的热爱，及由此产生的经历和感动。"

我曾和几位朋友一起在伦敦听演讲，其中一位是著名英国作家E．F．潘，他认为演讲的最后部分最能打动人。我问其原因时，他解释说："我喜欢跟着演讲者的感觉走，而大部分演讲者都是对自己演讲的最后部分最有热情和兴趣。"

关于选择主题的重要性，我再给你举一个有趣的例子。

那是在华盛顿的培训班上，有一位绅士，我们叫他富林先生。上课初期，他的演讲主题是描述首都华盛顿。虽然他在美国首都生活了很多年，却说不出一件自己跟华盛顿相关的事例来，他只是枯燥地重复从当地报刊、旅行手册上读来的信息，他没有表达出他为什么喜爱这个城市。他的演讲单调无趣，听众们也提不起精神来。

两个星期后的一件意外改变了他，富林先生的新车停放在街边，被人开车撞得乱七八糟，肇事者却一溜烟逃走了。这件事倒霉透顶，简直是富林先生的切肤之痛，所以当他提起报废的新车时，不由得真情流露，懊恼愤怒之情随着平实的语言倾泻而出。两个星期前坐在富林先生面前，对他的演讲深感无聊的同一个班的学员们，此时却发自内心地为他热烈鼓掌。

无须漫无边际地寻找演讲素材，只需从自己的意识中挖掘你最强烈的信仰，这就是你最好的主题，主题选择正确，就意味着你离成功又前进了一大步。

前段时间，电视里播出了就死刑立法问题举办的听证会，有许多人出现在会场，提出了截然相反的两种建议。其中有一位洛杉矶警员，他曾有11位同事死于和罪犯的搏斗中。显然他对死刑问题思考了很久，坚定地阐述执行死刑的必要性。他恳切的言辞表明了他内心强烈的情感和信念。信念源自于诚心，而冷静的思考为他的信念奠定了论证的基础。我常常在训练班里，回想起巴斯卡睿智的名言："道理总在心中，只是不为人自知。"

有一位波士顿的律师，他仪表堂堂、气度不俗，讲起话来也头头是道，遣词造句流畅优美，可惜浮夸之气过于浓重。每当他演讲完毕，学员们总是众口一词："他可真是精明！"和他一起上课的，还有一位保险推销员，他长相普通、个头矮小，演讲时，常停顿几秒，想想下面要说什么。可听众对于他说的每句话，却没有一丝一毫的怀疑。

距林肯总统在华盛顿福特戏院被刺几乎有百年之久，可他不平凡的生命和诚挚的演说却永远活在我们心中。至于他的法律知识，比不上同时期的许多专业人士；他的言谈举止，也不够尊贵、优雅。但他在葛底斯堡、联盟会议、华盛顿国会台阶上发表的演讲，却在我们的历史中永远不会被遗忘。

你或许会像我班上的某个人那样，认为自己没有任何兴趣和爱好。我对此颇感惊讶，但我对他说，尝试着对什么事情产生兴趣，让生活充实一些。他迷茫地问："什么事情呢？"我回答说："鸽子！"他更加疑惑了："鸽子？"我接着对他说："对，就是鸽子！你去广场上喂喂鸽子，仔细观察它们，再去图书馆查阅一些有关鸽子的书籍，下次上课时，讲给我们听。"他果然照着做了，等到下次上课时，他俨然一副专业人士的模样，热切主动地要对我们谈一谈鸽子。当我示意他停止时，他正说到自己读过的第40本写鸽子的书。这也是我从未听过的他给我们的最有趣的一次

第五章
为你的演讲赋予生命力

演讲。

在此,我要给你另一个建议,如果你喜欢自己选择的主题,那不妨多学习一些,多了解一些,你的热情会随着你知识的增长而增长。帕西.H.怀特在《销售五大要则》中告诉推销者,一定要把自己推销的物品烂熟于心。他说:"你对一件产品的优点了解越多,就越会充满热情。"这个建议同样适用于演讲,你对主题了解得越深入,就会对演讲越发有激情。

大师金言

你对主题了解得越深入,就会对演讲越发有激情。

03 让情景重现

如果你想告诉听众，你曾因为超速行驶而被警察拦在路边。你当然可以用第三人称平静地叙述，但是，这件事发生在你身上，你一定会有某种感受，听众更愿意听到你用第一人称说出你的亲身感受，当你被警察拦住、接过罚单时，你内心的感觉是怎样的。你要做的就是，尽量用自己真实的语言再现当时的情景，重造当时的氛围，让听众明白你那一刻的心情。

在美国南北战争后的第一次国会议员选举中，普通士兵约翰与将军陶克在同一个选区中竞争一个议员席位。显然，这是一次级别差距很大的较量。前者是初出茅庐的年轻人，又是普通的士兵；而后者却是连任三次议员的政治家，也是声名显赫的将领。从地位、功勋和知名度来分析，胜负似乎已经明了。因此，有人劝说约翰退出竞选，但约翰却不肯放弃。

当两位竞选者发表公开竞选演说时，陶克将军胜券在握地先发言说：

第五章
为你的演讲赋予生命力

同胞们,记得17年前那晚,我带兵与敌人鏖战,在荒山野岭中露宿了一个晚上,如果大家没有忘记那次艰苦卓绝的斗争,请在选举中,也不要忘记那个吃尽苦头而屡建战功的人。

人们当然没有忘记那次关键性的战斗中的军事统帅陶克将军。于是,会场上响起了热烈的掌声。

轮到约翰发表演说时,他从容不迫而充满感情地说:

从大家的掌声中可以看出诸位对那次战斗记忆犹新。我也有幸参加了那次战斗,不过我只是一个普通的士兵,我和战友们坚守阵地,与敌人进行殊死搏斗,很多弟兄都壮烈牺牲了,这真是一将功成万骨枯啊!我是那

场残酷战争中的幸存者，当陶克将军在树林中安睡时，我却还拖着疲惫不堪的身子在站岗放哨，保卫他的安全。今日我能够站在这里讲话，我充分相信诸位的判断力，会做出明智的选择。

约翰的话被听众雷鸣般的掌声打断了。他的演说道出了普通士兵的心声，激起了民众选出自己真正的代言者的渴望。最终，普通士兵约翰战胜了将军陶克，当选为国会议员。

为什么我们要去听或去看别人的情感表达？在公众面前袒露心声，通常会使我们感到恐惧，所以我们喜欢欣赏电影、话剧，目的就是要直观地体会这种情感的流露。

当你当众演讲时，请你把自己对主题的热情体现在言语中，所以，不要故意控制自己的情感，将其全部释放出来，让听众充分感受到你的热切和真诚。这样，你才可以左右听众的注意力。

大师金言

用第一人称说出你的亲身感受和你内心的感觉，用自己真实的语言再现当时的情景，重造当时的氛围，让听众明白你那一刻的心情，这些就足够了。

第五章
为你的演讲赋予生命力

04 尽量
　　轻松、热烈

　　著名演说家艾伯特·胡巴德曾经说过:"在演说中,赢取听众信任的,是演说的态度,而不是讲稿的词句。"我们可以确定,一位疲倦的、精神涣散的、毫无热情的、心不在焉的演说者,他所讲的任何话语都不可能引起听者的共鸣,因为他的讲话是肯定毫无吸引力的。不仅仅是演说,日常与他人进行交谈时,如果语言缺乏热情、心不在焉,同样不可能引起听者的共鸣,交谈也就无法顺利进行下去。

　　所以当你要在听众面前讲话之前,一定要怀着热烈的心情走上台去,即使你的内心有些恐惧和焦虑,也要尽量表现得轻松。听众对你的第一印象,就是你对自己要演讲的主题充满信心和热情。开始演讲之前,做一次深呼吸,挺胸抬头,站直你的身体,不要靠在讲台或别的东西上。你要让听众体会到你将会告诉他们很多有价值的事,他们的注意力将任由你安排。记住威廉·詹姆士的话:你要表现得和真的一样。演讲时,尽量让声音传达到会场的每个角落,这会让你渐渐平稳下来,当你开始挥动手臂配合演讲时，你的情绪会更激昂。

杜纳德和艾林诺·雷尔德把这些描述成"预热我们的反应"。这项原则对于任何需要心灵感觉的情况都适用。在他们的《有效记忆的技巧》一书中，指出罗斯福总统这个人"活泼愉快地度过一生，带着一分雀跃、活力、冲撞和热情。这些是他的特征。他总是对有关自己的一切事情趣味浓厚，或者他装得很像这个样子"。泰迪·罗斯福真是威廉·詹姆斯哲学的阐释者："表现热烈，你就会对自己所做的一切自然地热烈起来。"

总之在说话之前，首先应当确定说话的态度。演讲者的热情一定会引起听者热烈的共鸣反应。在进行演讲时，应该注意这样一个问题，即你目前的情绪是否适合此时此刻的氛围。假设有人直言反对你的观点，你是无

第五章
为你的演讲赋予生命力

心应答,还是情绪饱满、信心十足地为自己辩护?如果你选择后者,你的情绪就是适合这次演讲的。因为只有以有热情、有信心、专注的情绪说出的语言,才能引起听者的共鸣。能引起听者共鸣的语言才可以使演讲继续下去,并为听众所认可。

大师金言

一定要怀着热烈的心情走上台去,即使你的内心有些恐惧和焦虑,也要尽量表现得轻松,要让听众感到自己的热情和信心。

第六章
与听众一起感受自己的演讲

演讲、演讲者、听众是密不可分的,如果你能让听众参与你的演讲,与听众融为一体,你就会感觉你的演讲更有生命力。

01 依听众的兴趣演讲

罗素·康威尔著名的演讲《如何寻找自己》，先后进行过近6000次。你可能会想，重复这么多次的演讲怕已经深深印在演讲者的脑海里，演讲时字句与音调该不会变化了吧？结果不是这样。康威尔博士知道听众的学识程度与背景各不相同，必须使听众感到他的演讲是特地为他们而做的。他为什么能在一场接一场的演讲中成功地维系着演讲者、演讲和听众之间轻松愉快的关系呢？"当我到了某个地方，"他写道，"总是先去访问那些邮政局长、学校校长、牧师们，然后进店里去同人们交谈，了解他们的历史和他们将来的发展机会。这样，我才进行我的演讲，对那些人谈论适用于他们当地的题材。"

康威尔博士很清楚这一点，成功的沟通，要使听众觉得演讲是他们的一部分。《如何寻找自己》成为最受欢迎的演讲，但我们连一本真正的演讲辞副本都找不到，就是因为这样的原因。康威尔博士洞察人性，又谨慎勤奋，尽管相同的主题已经演讲过大约6000场，却没有一场是重复的。对

第六章
与听众一起感受自己的演讲

此,你应该有所领悟:准备演讲时,头脑里应该想着特定的听众。我有一些简单方法,可以帮助你同听众建立起和谐、密切的联系。

康威尔博士习惯在自己的演讲里加入许多当地人经常谈论的东西和他们了解的实例。听众对他感兴趣,只是因为他的谈话内容与他们有关、与他们的兴趣有关、与他们的问题有关。这种与听众本身和兴趣相关联的演讲,能够将听众的注意力牢牢地抓住,保证沟通顺利。艾力克·钟斯顿是前美国商会会长,现在是电影协会会长,他每一场演讲几乎都用这种技巧。下面我们来看看他在俄克拉荷马大学的毕业典礼上是怎样机智地使用这个方法的:

各位俄克拉荷马人,对于习惯于危言耸听的贩子们应是再熟悉不过的了。各位稍稍回想一下便会想起来,他们一向将俄克拉荷马州写成是永远没有希望的冒险之地。

20世纪30年代,所有望而却步的乌鸦都告诉其他的乌鸦们说,最好避开俄克拉荷马,除非自己携带足够的干粮。

他们把俄克拉荷马的将来,划入新美洲沙漠永远不可以改变的一部分。"这里永远再不会有东西会开花的。"他们这样形容。但是到了20世纪40年代,俄克拉荷马却成了花园,百老汇也要举杯为它祝福。因为那儿,"当雨后风儿吹来,便有小麦波浪起伏、散发阵阵麦香"。

在短短的10年间,这个干旱肆虐的地带,呈现在眼前的是大片大片的玉米地,几乎到大象的眼睛那么高。

这是信仰的结果——也是有计划的冒险的结果……

因此,我们观望自己的时代的时候,应该总是看到美好的远景,而不是停留在昨天的印象中。

当准备来这里作演讲的时候，我去寻找档案里的《俄克拉荷马日报》，看看1901年的春天是什么样的。我想体会50年前本地的生活滋味。

结果，我发现了什么？

噢，我发现里面描述的全是俄克拉荷马的未来，他们把重心都放在希望上啦。

根据听众所关注的事情和兴趣来演讲，这是个极好的例子。艾力克·钟斯顿采用的事例，来自听众在后院的谈话。他让听众觉得，他的演讲不是油印出来的一份拷贝文件——而是特地为他们准备的。演讲者根据听众所关注的事情和兴趣而讲，听众就禁不住要去注意了。

先问问自己：你的演讲能够帮助听众解决什么样的问题，怎样达到他们的目标？然后开始讲给他们听，他们就会全神贯注。如果你是个会计师，你的开场白就可以这样：我现在教你们如何节省5~10美元的税款；如果你是律师，你可以教他们如何立遗嘱。这样你就可以有一群兴致勃勃的听众。事实上，每个人的知识积累中，必然会有某个题目能对听众有所帮助。

有人问威廉·伦道夫·郝斯特的美国报业巨子，什么东西能够激起人们的兴趣？他回答说："人们自己。"他就根据这一单纯的事实，建起了报业王国。

詹姆士·哈维·罗宾逊在《思想的酝酿》一书里，形容幻想是"一种出于自然而然最受欢迎的思想"。他接下去说，在幻想中，我们允许自己的想法各自沿着它们的方向前进，而它的方向以人们的希望或恐惧来确定；以我们自然的个体成功或幻灭来确定；以我们的喜、恶、爱、恨、憎、怨来确定。世上再没有比我们自己更令我们感兴趣的事了。

第六章
与听众一起感受自己的演讲

你的话题一定要是听众感兴趣的。实际上,在与人交流方面似乎有天赋的美国总统罗斯福深谙这一点。他特别注意听者喜欢的话题。每当他知道有人要来拜访时,总是在前一天晚上开夜车,了解来访者最感兴趣的事物。像许多高明的领导者一样,那些出色的谈话类节目主持人也总是与对方谈论对方最感兴趣的事情。结果怎么样?没有人不喜欢与他们交谈。而且,他在总统任内的几次著名的讲演都收到了极好的反响。

许多人只谈论自己有兴趣的事情,而这些事情却让其他人感到无聊透顶。所以他无法成为一名讲话好手。你可以反过来做:引导他人谈论他的兴趣、他的事业、他的高尔夫成绩、他的成就——或者,如果对方是位母亲的话,谈谈她的孩子们。专心聆听他人的谈话,你会带给他人很多乐趣。那么,你将被认为是一位谈话好手——即使并没有这么讲。

来自费城的哈罗德·杜怀特,在宴会上进行了一场非常成功的演讲。他依次谈到围坐在餐桌旁的每个人。说刚开始的时候,自己是怎样的不会讲话,而现在他进步多了。回忆起同学们所做过的演讲,讨论过的题目,他夸张地模仿其中一些人,逗得大家开怀大笑。拥有这样的素材,是不可能会失败的,这是谈话很理想的题材。杜怀特先生真是通晓人的天性,不会有别的题目更能使大家感兴趣了。

几年前,我为《美洲杂志》写过几篇文章,记得刚认识约翰·西德达时,他正主持这本杂志的《有趣人物》专栏。有一天,他坐下来和我长谈:

"人都是自私的,"他说,"他们只对他们自己感兴趣。他们并不十分关心政府是否应该把铁路收归国有,但他们却希望知道如何获得晋升,如何得到更多的薪水,如何保持健康。如果我是这家杂志的总编辑,我将告诉读者如何保护牙齿,如何洗澡,如何在夏天时保持凉爽,如何找工作,如何应付员工,如何买房子,如何增强记忆力,如何避免文法错误,等等。另外，人们也总是对别人的生平故事感兴趣，所以我会邀请一些大富翁，谈谈他们是如何在房地产事业上赚取上百万美元。我还要找一些著名的银行家及大公司的总裁们，谈一谈他们是如何从底层奋斗到有权有利的地位的。"

不久，西德达真的当上了总编辑。当时杂志的销路很窄，是一本失败的杂志。西德达立即按照他自己的构想开展工作。结果怎么样？杂志的销售量急速上升，达到20万份、30万份、40万份、50万份。因为它的内容是一般民众需要阅读的，没多久，杂志的月销售量就达到100万份，但销量并没有就此停住，而是持续不断地上升。西德达满足了读者的兴趣，也就获得了杂志的成功。

下次，你再面对听众时，假想他们很希望听到你的演讲——只要它能对他们有用。演讲者如果不考虑听众自我中心的倾向，便很快会使听众烦躁不安。他们会局促不安、表现腻烦，不时抬起手看手表，并且渴望着离开。

有时候我们无法弄清楚某某人最感兴趣的话题是什么，这也没有关

第六章
与听众一起感受自己的演讲

系。要知道有一些事情并不是具体某一个人最感兴趣的，而是为人们所普遍感兴趣。例如，对方的工作、最近的新闻、烦人的交通状况、对对方的某件物品的恭维与询问、对方的信念与人生信条、特殊的知识领域，等等。对于长者来说，他们通常很喜欢回忆过去的事情，请他们回忆就是一个不错的话题。

如果对方对于某一个话题不想深谈，那也没有关系，及时换另一个话题就可以了。

大师金言

每个人都对自己的事情感兴趣，演讲者按照听众的关切和兴趣演讲，听众会认为你是为他们特意准备的，听众是不会不去关注的。

02 诚心诚意地
   赞赏听众

听众是由单独的个人组成的，所以听众的反应也跟个人的反应一样。如果你敢公然地批评听众，必然导致愤怒。如果你对他们做的值得称赞的事表示赞美，你就赢得了通往他们心灵的护照。

爱听赞美的话是人类的天性，人人都喜欢正面刺激，而不喜欢负面刺激。如果在人际交往中人人都乐于赞扬他人，善于夸奖他人的长处，那么，人际间的愉快度将会大大增加。有一位心理医生在银行排队取款时，看到前面有一位老先生满面愁苦，这位心理医生暗想，我要让他开朗起来。于是他一边排队一边寻找老先生的优点，终于他看到，老先生虽驼背哈腰，却长着一头漂亮的头发，于是当这位老先生办完事情走到心理医生面前时，心理医生衷心地赞道："先生，您的头发真漂亮！"老先生一向以一头漂亮的头发而自豪，听到心理医生的赞美非常高兴，顿时面容开朗起来，挺了挺腰，道谢后哼着歌走开了。一句简单的赞美给别人带来了愉快心情，这是多么值得高兴的事情。

第六章
与听众一起感受自己的演讲

　　演讲也一样，你先赞美一下你的听众，他们很快就会接纳你。但这也需要你认真地研究一下，因为如果你的赞美是一些夸张、不切实际的词句，比如"各位是我曾见过的最有智慧的听众"，也会被大多数的听众认为是空洞的谄媚而感到厌恶。赞美要有根有据，如果言不由衷或言过其实，肯定会招致对方的反感。与其如此，还不如不赞美。

　　引用大演讲家姜西.M.德普说的话：你得"告诉他们一些有关他们的事，并且是他们没想到你可能会知道的事"。举例说，有个人最近要在巴尔的摩基瓦尼俱乐部演讲，却找不到有关该俱乐部的特殊资料，只知道在会员里曾有一位出任国际会长，一位出任国际董事。这些对俱乐部里的人来说并不是新闻。他想来点新鲜的东西，于是这样开场："巴尔的摩基瓦尼俱乐部是101,898个基瓦尼俱乐部中的一个！"会员们感到有些奇怪：这个演讲人根本错了——因为全球只有2897个基瓦尼俱乐部。然后，演讲者接着说：

　　可是，就算各位不相信吧，它仍然是个事实，至少在数学方面是这样。各位的俱乐部是101,898个当中的一个，不是100,000或200,000个当中的一个，而确实是101,898个当中的一个。我是怎样算出来的呢？基瓦尼国际组织有2897个成员俱乐部。这样的话，巴尔的摩俱乐部过去曾出过一位国际会长和一位国际董事。从数学的观点看，任何一个基瓦尼俱乐部想同时出个国际会长和董事的几率是1：101,898——我有一位名叫钟斯·霍普金斯的数学博士朋友，他可以证明这个数字的准确性。

　　在你表示赞美的时候，要有100%的真诚。如果没有诚意的话，可能偶尔会骗过一两个人，却骗不了大部分听众。什么"这样高度智慧的听众……""这来自霍霍柯斯、新泽西的美女和侠士的特别聚会……","我真高兴在这儿,因为我爱你们每一位……"哎呀!千万不要这样!如果表示不出真心的赞赏,不如什么也别表示。

赞美是一门学问。最有效的赞美不是"锦上添花",而是"雪中送炭"。最需要赞美的不是那些早已扬名天下的人,而是那些自卑感很强的人,尤其是那些被压抑、自信心不足或总受批评的人。他们一旦被人真诚地赞美,就有可能使尊严复苏,自尊心、自信心倍增,精神面貌从此焕然一新。

在19世纪初期,伦敦有位年轻人想当一名作家。他好像什么事都不顺利。他几乎有4年的时间没上学。他的父亲因无法偿还债务,被迫入狱,而这位年轻人还时常受饥饿之苦。最后,他找到一份工作,在一个老鼠横行的货仓里贴鞋油底的标签,晚上在一间阴森寂静的房子里,和另外两个男孩一起睡。就在这个货仓里,他写稿寄出去,可是一个接一个的稿件被退回,最后有一位编辑承认了他并夸奖了他。由于这句夸奖,使他受到了极大的激励,眼泪流到了他的双颊。这个男孩的名字叫查尔斯·狄更斯,英国著名的文学家,《雾都孤儿》《远大前程》等伟大作品的作者。

假如不是那位编辑的夸奖,狄更斯很可能永远成不了作家,更不用说成为世界著名作家。这就是妙语激励的神奇效果。

大师金言

要有100%的真诚。没有诚意的话语,或许偶尔会骗过个人,但不能永远骗过听众。

03 与听众融为一体

演讲时，要首先指出你和听众之间有某种直接的关系。如果感到被邀请很荣幸，就照实说吧。哈罗德·麦克米伦在印第安纳州绿堡的德堡大学对毕业班学生讲话时，就这样打开沟通的路线。

"我很感激各位亲切的欢迎，"他说，"身为英国的首相，应邀前来贵校，的确不是简单的事。不过我感觉，我当前的政府职位，恐怕不是各位盛情邀请的主要原因。"

接着，他提到自己的母亲是美国人，出生于印第安纳州，而父亲则是德堡大学首届毕业生。

"我可以向各位保证，我以能和德堡大学有这样的关系感到光荣，"他说，"并以能重温老家的传统为骄傲。"

这是不用怀疑的，麦克米伦提到美国这所学校，以及母亲和父亲的美国生活方式，立刻就为自己赢得了友谊。

另一种打开沟通路线的方法，就是提到听众中的人的名字。有一次，

第六章
与听众一起感受自己的演讲

在演讲前的宴会上,我坐在主讲人的旁边。我很奇怪他对每一个人都非常好奇,不停地向宴会的主人打听,比如穿蓝色西装的人是谁,或那帽子缀满花朵的女士芳名叫什么?直到他站起来讲话时,我才了解他好奇的原因——他非常巧妙地把方才了解的名字使用在自己的演讲里,我看到那些名字被提到的人脸上洋溢着快乐,这个简单的技巧也为演讲者赢得了听众温暖的友情。

再看看通用公司总裁小弗兰克·佩斯如何使用几个名字,使演讲产生意想不到的效果的。他在纽约"美国生活宗教公司"一年一度的晚宴上演讲:

今晚对我来说,是一个特别愉快、又特别有意义的夜晚。我的牧师罗

伯特·艾坡亚就坐在听众席里。他的言行和指引,已成为我个人、家人以及我们全体人员的一种激励和启示……其次,在座的路易·施特劳斯和鲍伯·史蒂文斯对宗教的热诚,已扩大为对公共事业的热忱……能跟这些人坐在一起,实在是本人无上的光荣。

要引起注意的是:如果你准备提到一个陌生的名字,尤其是刚打听来的名字,要确信没有弄错。要知道自己为何要提到这一名字,并以一种适当、得体的方式提出来。

另外,还有一个办法可以使听众的注意力保持在巅峰状态,那就是用代名词"你",而不要用"他们"。这种方式可以使听众保持一种自我感知的状态。这一点,我在前面已经指出,演说者如想把握听众的注意和兴趣,是不能忽视这一因素的。下面摘录了题为《硫酸》的演讲中的几段——这是我们纽约某个培训班里的一个学员的演讲。

大多数的液体,都是以品脱、夸脱、加仑或桶等单位来计算的。我们通常说,几夸脱的酒,几加仑的牛奶,以及几桶的蜜糖。在发现一处新油井之后,我们也会说它每天的产量有几桶。不过,有一种液体,由于生产和消耗量太庞大了,必须以吨作为它的计算单位。这种液体就是硫酸。

硫酸与我们生活的各个方面都有着密不可分的联系。如果没有硫酸,你的汽车将无法行驶,你就得像古时候那样骑马或驾驶马车,因为在提炼煤油及汽油时,必须使用硫酸。不管是照亮你办公室的电灯,还是照亮你餐桌的灯光,或是在夜晚引导你上床的小灯,这一切如果没有硫酸,都将成为不可能。

早上起床后,你拧开水龙头放水洗澡。你转动的是一种镍质水龙头,

第六章
与听众一起感受自己的演讲

在制造过程中,也少不了硫酸这种物质。你的搪瓷浴缸在制作时也要用到硫酸。你使用的肥皂也可能是用油脂加上硫酸处理而制成的……在你还没有和你的毛巾打交道之前,它就已经和硫酸打过交道了。你使用的毛梳上的梳毛也需要用硫酸处理,你用的塑料梳子,没有硫酸,也造不出来。还有你的刮胡刀,在经过最初的锻造后,也需要在硫酸中浸泡处理。

你穿上内衣,套上外衣,扣好纽扣。漂白业者、染料制造者,及染布者本人都要使用它。制造纽扣的人可能会发现,要想制成你的纽扣,必须使用硫酸。皮革制造者也要使用硫酸来处理你皮鞋的皮革;而当我们想要把皮鞋擦亮时,硫酸又发挥了它的功效。

你下楼吃早餐。如果你使用的杯子与盘子不是纯白色的,那更是少不了硫酸。因为硫酸经常被用来制造镀金及其他装饰性材料。你的汤匙、刀子、叉子如果是镀银的,一定要在硫酸中浸泡处理。

制成你的面包或卷饼的小麦,可能是使用磷酸盐肥料种出来的,而这种肥料的制造更需要硫酸。如果你享用的是荞麦饼与糖浆,糖浆也少不了它……

就像这样,在一整天当中,在每一方面,硫酸都会影响到你。不管你到哪儿去,都无法逃过它的影响。没有了它,我们不但打不了仗,也过不了和平的生活。因此,这种对人类极为重要而又不可或缺的硫酸,实在不应该被一般民众所忽视……但很遗憾的是,事实却是如此。

这个演说者巧妙地把"你"这个字,连同听众带进了自己演讲的话题之中,因而使听众的注意力既热情又不中断。

不过有些时候,使用代名词"你"也是很危险的,它不会在听众和演讲者之间建立桥梁,而是造成分裂。在我们似乎以行家居高临下的口吻对听众讲话或对他们说教时，这种情形便会发生。这种情况下，最好说"我们"，而不要说"你"。

美国医药协会健康教育组组长——W. W. 鲍尔博士，常在无线电台和电视演讲中运用这个技巧。"我们都想知道怎样才能选择一个好医生，是不是？"他有次在演讲里这么说："我们既然都想从医生那里获得最好的服务，那我们是否知道该怎样做个好病人呢？"

大师金言

巧妙地把"你"这个字，连同听众嵌进自己演讲中，听众的热情和注意力就不会转移和中断。

第六章
与听众一起感受自己的演讲

04 让听众
参与你的演讲

在演讲者和听众之间，愉快的气氛永远是对双方有利的。演讲者独霸舞台，口若悬河，自顾自地讲着一大堆别人并不感兴趣的话题，这样的演讲很难获得成功。高超的演讲者，会主动进行与听众之间的互动，造成一个和谐、互动的氛围。

在很多场合，只要使用一个小小的表演技巧，就可以使听众随着演讲的进行，注意你说出的每一个词。当你让听众协助你完成某个论点，或将某个意念戏剧化地表现出来时，听众对你的注意便会显著增加。由于自己是听众，当听众中的某一个人被演说者带入"表演"中时，听众们便会很敏锐地感觉到发生的事情。如果演讲时，台上台下隔着一堵墙，那么，利用听众的参与便可打通这堵墙。我记得有个演讲者在说明汽车刹车以后还须走多大距离才能够完全停住时，他邀请了前排一位听众站起来帮他演示汽车在不同速度之下距离会有怎样的改变。这个听众握着钢卷尺的一端，顺着走道拉出45英尺。当我看着这个过程时，我无法不注意到全场听众是如何全神贯注地倾注于演讲之中。我对自己说，那条卷尺不但生动地展现演讲者的论点，还在讲者与听者之间打通了一条沟通的渠道！如果不是用了那样一招，听众们关心的恐怕还是晚饭吃什么，或者晚上的电视节目。

我有一些我本人非常喜爱的方法，可以让听众参与到我的演讲中，其中的一个方法就是问听众一些问题然后获取答案。我喜欢请听众站起来跟我重复一句话，或举手回答我提出的问题。帕西·怀廷有本书——《如何让演讲和写作有幽默感》，其中就听众参与演讲这一话题提供了一些非常有价值的意见，书中建议让听众决定一些事情，或邀请他们帮助解决一个问题。"你对某些事情的态度要正确，"怀廷先生说，"要知道，演讲和背诵不同，演讲的用意在于获得听众的反应——要让听众在演讲中变成参

第六章
与听众一起感受自己的演讲

与者。"我喜欢他把听众描述为"你的演讲的参与者"。这也是本章所讨论的关键所在。如果你能让听众参与你的演讲,你们便成了好伙伴。

也可以引导听众积极说"是"。一个有技巧的演说者,往往会在演说的开头便获得许多赞同的反应。由此下去,他便渐渐地为听者设下一个心理认同的过程,使他们不断朝着赞同演说者观点的方向前进。

心理学研究结果表明,人人皆有一种内在的价值感、重要感和尊严感。伤害了它们,你便永远失去了那个人。当一个人说"不"字的时候,特别是当其真心如此时,他所做的不只是说出一个"不"字而已,他的整个人都会收缩起来,进入一种抗拒的状态。通常,他会有微小程度的身体上的撤退,或撤退的准备,有时甚至明显可见。总之,他的整个神经、肌肉系统都戒备起来要抗拒接受。相反的,当一个人说"是"的时候,他就绝无撤退的行为发生。整个身体是在一种前进、接纳、开放的状态中。因而,如果在演讲的过程中从一开始就能引导听众说出"是"来,就可以消除怀疑、制造信任,便更有可能成功地攫住对方的注意力和心。那么,演讲者就不用担心自己的演讲不成功了。

大师金言

演讲、演讲者、听众是密不可分的,如果你能让听众参与你的演讲,你会感觉你的演讲更有生命力。

05 放低你的姿态

当然，没什么比演讲者在面对听众时能发自内心的真诚更重要的了。有一位牧师因为不能让听众专心听自己布道，特意向同行努曼·文森特·皮尔请教。他给这位牧师一个有用的建议，请他静心想一想：自己是否喜欢每周日早晨都要面对的听众，是否真心想要帮助他们，对他们有没有一丝的轻视。他还说自己每一次站到讲坛上，都对面前的听众充满关心和爱护之情。若你对听众居高临下，他们一定不会欢迎你。要想赢得听众的心，最好的办法就是要放低你的姿态。

埃德蒙德·S. 牧斯吉在担任缅因州参议员时，被派到美国辩论协会发表演讲。

"我对自己今天的演讲任务犹豫不决，"他说，"首先，我知道，这里的听众都是专业人士，在你们敏锐的洞察力前发表演讲，未免有点班门弄斧之嫌。尤其这是早餐会时间，也是一个人的感觉相对迟钝的时

第六章
与听众一起感受自己的演讲

刻，作为一名政界人士，如果在这个时间表现失败，无疑会引出很多负面的舆论，后果十分严重。再者，我的主题是：关于政治对我人生的影响。这也可能会造成我的选民对我印象好坏的争执。

"顾虑重重的我，就好像一只蚊子，不知怎么就飞进了天体王国，却一片茫然，不知应该从何处开始。"

牧斯吉议员由此作为开头，一直讲了下去，最后，演讲获得了听众们热烈的掌声。

雅德莱·E. 斯蒂文森在密歇根州立大学发表毕业典礼的演说时，

也是以低姿态开场，他说："每当身处这样的场合，我总是感到力不从心。这让我想起有人问萨穆尔·巴特雷的怎样充分利用生命的时间的问题的答案——'我还不知如何好好利用接下来的15分钟呢！'现在我也有同样的感觉，不知如何好好利用接下来的20分钟。"

在你面对公众发表演讲时，就如同被陈列在橱窗中，你的一颦一笑，你的个性风格都被听众看得真真切切，一旦你流露出高高在上的气势，听众就会立即对你避而远之。当然你也无须表现得紧张无措，只要充分表现出你的谦逊诚恳，听众也会以最温暖的友情回馈于你。

美国电视行业竞争激烈，尤其是每一季电视剧中的知名演员们，每年都恨不能争个头破血流。而这其中，有一位年年都毫无悬念、稳坐电视节目的演员埃德·苏力维。他不但是新闻行业的名人，也是电视剧集的明星面孔。不过，他总是把自己定位在业余的水准上，认为自己还不够好。他在电视上常有一些木讷的举止，如果放在别人身上，估计早就从屏幕里消失了，可是那些挠下巴、缩肩弓背、拽领带、有些口吃的毛病由他做出来，倒也不那么令人讨厌了。每一季结束，他都会邀请愿意模仿他的人上电视节目，这些人不但把他的缺点尽情表现出来，甚至还夸张了许多。埃德·苏力维不但不生气，还比别人笑得更开心。他的谦逊自然，受到了观众们的真心爱戴。观众最讨厌的就是那种自以为是的所谓名人。

亨利和当纳·李·托马斯合著了《宗教伟人传记》，在书中他们这样评价孔子："虽拥有渊博的知识，却从不轻视他人，总是用宽广的包容之心引导激励人们。"要是你也能够拥有包容之心，那就能轻而易举地与听众的心灵相通。

第六章
与听众一起感受自己的演讲

大师金言

不要高高在上,独霸舞台,稍有自夸的显示,都会使你功败垂成。

第七章
简短的演讲激起良好的回应

演讲的技巧是一个简单的"魔术公式",使用这个公式,你可以在短短的两三分钟内打动听众,使他们接受你的建议,采取行动。

01 一个简单的"魔术公式"

这里有一个简单的"魔术公式",保证你能用两三分钟就打动你的听众,让他们接受你的建议,并采取行动。

先来看看这样的一些例子。第一次世界大战期间,一位著名的英国主教在厄普顿营对正要前往战场作战的士兵讲话,有一些士兵明白作战的意义,但多数人并不了解。这一点我很清楚,因为我和他们聊过。可是这位主教大人大谈什么"国际亲善",以及"塞尔维亚在太阳下应有权占一席之地"。而大部分士兵们对塞尔维亚究竟是一个城镇还是一种疾病都不清楚。所以,他不如对他们演讲一篇谁都听不懂的"星云学说",反正效果完全一样。不过,在他的演讲过程中,倒没有一个士兵跑开,不是因为他们听得认真,而是因为为了防止他们逃跑,每个出口都有宪兵把守。

我并不是想取笑这位主教,他是一位不折不扣的宗教学者。在宗教人士面前,他很可能声势夺人,尽显功力。但面对这些军人,他却失败了,

第七章
简短的演讲激起良好的回应

而且是"全军覆没"。为什么？因为他不了解他的听众，也不知自己演讲的确实目的，当然也就不知道该怎么做。

演讲的目的指的是什么呢？概括起来，任何演讲，不论自己是不是了解，一般都是指下面所列的4个目的之一。它们是什么？

（1）说服听众，取得响应。

（2）说明情况。

（3）增强印象，使人信服。

（4）使人愉悦。

我们以亚伯拉罕·林肯总统一系列具体的演讲实例来说明吧。

很少有人知道，林肯曾经发明过一种可将搁浅在沙滩或其他阻碍物中的船只吊起的装置，并获得专利。他把这种装置的器械模型放在他的律师事务所的办公室里，当朋友看到这个模型时，他就会不厌其烦地向朋友讲解它的功能、制造方法，等等。这种讲解的主要目的，就是说明情况。

当他在葛底斯堡发表那篇不朽的演讲时，当他发表第一次和第二次总统就职演讲时，当亨利·克雷逝世，由他就其一生致悼词时，他在所有这些场合，演讲的主要目的就是增强听众的印象，使人信服。

1863年11月19日，正值美国内战中葛底斯堡战役结束后4个半月，林肯在宾夕法尼亚州葛底斯堡的葛底斯堡国家公墓揭幕式中发表这个演说，哀悼在长达5个半月的葛底斯堡战役中阵亡的将士。这是亚伯拉罕·林肯最著名的演说，也是美国历史上为人引用最多的政治性演说。

87年前，我们的祖先在这块大陆上创立了一个新的国家，它孕育于自由之中。他们主张人人生而平等，并为此而献身。

现在,我们正从事一场伟大的内战,这是一场考验这个国家或者任何一个像我们这样孕育于自由并奉行其主张的国家是否能长久存在的战争。我们聚集在这个伟大的战场上,将这个战场上的一块土地奉献给那些在此地为了这个国家的生存而牺牲了自己生命的人,作为他们的安息地。我们这样做是完全应该和正确的。

可是,从更广阔的意义上说,我们并不能奉献——不能圣化——更不能神化这片土地。因为那些在此地奋战过的勇士们,不论是还活着的或是已死去的,已经使这块土地神圣了,远非我们微薄的力量所能予以增减。世人将不大会注意,更不会长久记住我们在这里所说的话,然而,他们将永远不会忘记这些勇士们在这里所做的事。相反的,我们活着的人,应该献身于勇士们未竟的工作,那些曾在此地战斗过的人们已经把这项工作英勇地向前推进了。我们应该献身于留在我们面前的伟大任务——我们要从那些勇于牺牲的战士身上汲取更多的奉献精神——我们要在这里下定决心使那些死去的人不致白白牺牲——我们要使我们的祖国在上帝的护佑下,获得自由的新生——我们要使这个民有、民治、民享的政府永世长存。

在林肯的律师生涯中,每次跟陪审团声辩时,其目的是想赢得对他有利的判决。而他在作政治演讲时,则是致力于赢得选票。他在这些场合演讲的目的便是为了让听众付诸行动。

在当选总统的前两年,林肯曾准备了一篇有关发明的演讲。当然他作这一演讲的目的是要欢娱大众,至少,他最初的目标是这样。可惜的是,这次他没有成功。他本想成为一个大众化的演说家,结果在这方面却屡遭失败。有一次,他在一个小镇演讲,居然没有一个人去听。

第七章
简短的演讲激起良好的回应

但是,他在这方面的演讲虽然失败了,但他在别的方面的演说却出奇的成功,其中一些已经成为人类语言的经典之作。什么原因?因为他在进行这些演说时明白自己的目标,并知道怎样去达成。

因为许多演讲者都没能把自己的目标与演讲对象的目标相匹配,以至于在讲台上手忙脚乱,思维混乱,错误百出,最终招致失败。

例如,一个美国国会议员曾在纽约马戏场发表演讲,他还没讲完,观众就发出一片吼叫声和嘘声,使他不得不离开了讲台。什么原因呢?因为他十分不明智地选择在这种场合作说明性的演讲。他告诉听众,美国正在如何备战。听众可不愿意在这里挨训,他们现在要的是娱乐。他们起初还耐心地听他讲了10分钟、15分钟,希望他演讲赶快结束。可是他仍然喋喋不休,没完没了。观众的耐心没有了,他们不愿再忍耐了。有人便开始喝倒彩以对他表示嘲讽,其他人接着跟进,一刹那,数千人吹起口哨,有的人甚至还吼了起来。但这个演讲者极其愚蠢,丝毫没有察觉到观众此时的心情,仍然闷着头在台上讲他的。这下可惹恼了听众,现场一片混乱。观众的无奈升腾为怒火。这位老兄居然毫不识相,还试图劝观众安静下来。于是,狂躁的抗议声越来越大。最后,观众的号叫与怒吼淹没了他的声音。到了这个地步,他也只能放弃,承认失败,羞愧地离开了会场。

请以上面这位议员的事例为借鉴吧!让自己讲演的目的适合你的听众与所面临的场合。假如这位议员事先曾斟酌过自己演说的目标与前来参加政治集会的观众的目标是否一致,他就不会遭受如此惨败了。只有把听众和演讲的场合综合分析,你才可以从以上4种目的中选出一种作为你演讲的目的。

为了帮你完成搭建演讲架构这个最重要的部分来劝说别人采取行动,本章将把全部笔墨集中在如何"说服别人采取行动"上。在接下去的几章,则侧重于讨论演讲的另外几个重要目标:说明情况;增强印象;使人信服;给人们带来欢乐。每一个目标都需要采取不同的方式策略,它们都有各自不同的组织方式,都各有其易犯的错误和必须要克服的障碍。

怎样安排演讲材料,使我们能一蹴而就地打动听众,使他们乐意按我们的要求去行动呢?

首先,让我们来谈谈如何组织我们的讲演素材,以使听众乐意采取行动。

是否有什么方法可以使我们通过演讲材料的安排,能一蹴而就地打动

第七章
简短的演讲激起良好的回应

我们的听众，使他们乐意按我们的要求去行事呢？

我记得，在1930年，我与同事们讨论过这个问题。当时，我的演讲课程正开始在全国各地风靡。由于一个班级容纳的人数太多，我们只得把学生的演说限制在两分钟内。如果演讲者的目标只是在于娱乐大众或说明情况，这个限制对演讲还不至造成影响。但是，等我们把题目定在要鼓励听众采取行动时，就不一样了。我们若是采用老套的演讲方式，即从绪言、正文和结论这一自亚里士多德以来为众多演讲家所遵循的模式，演讲便达不到激励听众采取行动的效果。显然，这需要我们注入一些新的和与众不同的元素，以便能在规定的两分钟内达到预期的影响，并让听众付诸行动。

我们在芝加哥、洛杉矶和纽约分别举行座谈会，向我们所有的老师请教。他们当中有许多人是在名牌大学演说系执教；有些人在事业上已取得了成功；还有些人则来自迅速扩张的广告界。我们希望能综合不同的背景，利用这些背景各异者的智慧，为演说的结构设计出一种新的方法，使这一方法能十分合理地反映出我们时代的需要、符合心理学的规则，并能以此来影响听众，让他们采取行动。

真是功夫不负苦心人。从这些讨论当中，一个用于建构演讲框架的"魔术公式"诞生了。它刚一问世，我们便开始在演讲培训班上教授它，而且从那时到现在一直为我们所采用。这个"魔术公式"是什么？其实很简单，可以说是一点就破。具体来说是这样的：一开始便把你要讲的主题用举例子的形式告诉听众，通过这个例子，生动地说明你希望传达给听众的意念是什么。接下来则对你的论点详加证明。第三，陈述缘由，也就是向听众强调，如果他们依你所言去做，会有什么好处。

这个公式，非常适合现在快节奏的生活方式。演讲人一定不要再执着于那种冗长、闲散的绪论。现在的听众大部分都非常忙碌，他们希望演讲者能以率直的语言，一针见血地说出要说的话。他们已习惯于消化过的、直截了当的新闻报道，使他们不必多加思考便能直接得到事实。他们都已适应了类似于麦迪逊大道那些咄咄逼人的广告环境。这些广告的明显特点就是借助各种招牌、电视、杂志和报纸等媒介，通过鲜明有力的词语，把发布媒体想要表达的信息一股脑儿地全部端出。这些广告词都是经过字斟句酌的，没有一点多余。

我确信，只要你利用这个"魔术公式"，就一定能博得听众的注意，而且可以使听众将关注的焦点对准你演讲的重点。它也能使你舍弃那些啰唆且无味的开场白，诸如，"我没有时间充分地准备演讲"，或"当主持人请我谈论这个题目时，我还在纳闷，为何会选我？"要记住，听众对你在台上的道歉或辩解不感兴趣，不论你在说这些话时是出于真心还是一种台面上的客气话。他们需要的是行动。而在"魔术公式"里，你一开口便给了他们行动的理由。

这套公式对于那些简洁的谈话非常适用，因为这里面也设置了一些悬念。当你以这种方式论述你的观点时，听众都会被你的故事吸引，演讲的重点也不需要一开始就和盘托出，你应该让他们先听你讲两到三分钟的故事，待故事快接近尾声时，才知道你演讲的重点所在。如果你希望听众照你的要求去做，这一招就更为必要了。试想一想，若演讲者做的是一场募捐演说，他期望听众为某一弱势群体慷慨解囊，而且这群人急需这笔钱，假如我们的演讲者这样开口："各位先生，各位女士，我来这儿是要向各位收取5块钱。"你会给吗？肯定没有人采取行动。大家一定会以为你是一个骗子，然后争先恐后地夺门而逃。

相反，如果演讲者一上来就向听众描述自己去探访"儿童医院"的情

第七章
简短的演讲激起良好的回应

形,并深情地讲述你在那儿见到的一个追切待援的病例:一个幼童现在正住在一家偏远的医院,因缺乏经济援助而不能接受手术。如果各位能献出您的爱心,向他伸出援助之手,这个孩子便可以起死回生了。试着对比一下,这种表述是否会得到听众更大的支持?由此可见,为预期中的行动铺路的,正是故事和实际实例。

我们再来看尼兰·斯通是如何利用事件或事例打动听众,以唤起他们对联合国儿童救援行动的支持的:

我祈祷,永远不要让我再面对那样悲惨的情形。一个幼小的生命和死亡难道只有一颗花生大的距离吗?我也祝愿诸位永远不要遇到这样的事,不要有这样难受的回忆。如果一月的那一天,你也来到雅典被轰炸得破烂不堪的贫民区,你也看到他们的眼神,你也听过那些声音……而我唯一能给他们的,只是一罐不足半磅重的花生。无数衣衫褴褛的孩子向我涌来,渴望地伸出他们的小手,还有许多抱着婴儿的母亲也围过来……尽力将瘦得皮包骨头的婴儿举到我面前。我努力让每个人都能得到花生,哪怕只有一颗,饥饿的人们源源不断地涌上前,我几乎被挤倒在地,我看到上百只瘦小不堪的手在我面前晃动、乞求,想要抓住任何一点东西。我在这只手心放一颗,在那只手心放一颗,每只手都赶紧紧紧地合拢,生怕那颗珍贵的花生滚落。面对那无数双闪动着渴望的眼睛,我抱着空空的罐子,却无能为力……是的,我真心地希望各位永远不用感受这样的滋味。

"魔法公式"的使用范围远不止演讲,也同样适用于商业信函和与下属员工的交谈,甚至妈妈们可以用这个公式来激励孩子;反过来,聪明的孩子也会运用此法让父母满足自己的要求。它就如同一把心灵钥匙,每天为你开启生活之门。

大师金言

听众都是由忙碌的人们组成的,他们希望演讲人以直率的语言、一针见血地说出要点,过于冗长、闲散的绪论是不受欢迎的。

第七章
简短的演讲激起良好的回应

02 以自己生活中的
　　事例来说明

每天，我们的身边都会发生许许多多的事情。这些事情在你演讲中应占大部分。在这个阶段，你应该把你从中学到的描述出来。根据心理学家的说法，我们一般有两种学习方式：一种是习惯性的学习方式，许多相近的事件会塑造我们的行为模式；第二种方式是突发的方式。每一件特别发生的事件都会对我们造成影响，改变我们的行为模式。我们每个人都曾有过特殊的经历，不用苦思冥想，就可以从记忆中找到。这些亲身得来的经验会影响我们的行为举止，如果你把这些经历真实地再现，也可能会影响到其他人的行为举止。之所以会达到这样的效果，是因为人们对真实的述说和亲历真实的事件的感受方式几乎是一样的。当你叙述时，要尽力让事例凸现真实可信，令听众感同身受，更要加入你的经验感悟增加趣味。下面这些建议，希望能帮助你挑选更适宜的事例。

1. 从你特殊的经历得出经验。

如果是因你的偶然经历而造成某种特殊的结果，这样的事例最具感染力。有些事情就发生在某一瞬间,你却对那短短的几秒钟终生难忘。前不久,曾经有一位学员讲述了自己一次可怕的经历:一次船翻后,他想游回岸边的经历。当他讲完之后,我相信每一位听众都决定,万一自己的遭遇与此相似,一定要谨记他的经验留在船旁等待救援。还有一次,演讲者讲述了有关一个孩子和一台翻倒的电动割草机的悲惨事件,那个印象在我脑海中如此鲜明,以至于一有孩子出现在我的电动割草机旁边,我都会立即警觉起来。

很多培训班的老师,就是对学员们所讲的事件印象极深,因此纷纷采取了相应的措施,以避免遇到相同的不幸。有一位老师听到演讲中再现的煮饭造成的一次火灾意外,回家就将灭火器放到了厨房里。另一位老师把家中所有有毒性的药物都贴上醒目的标签,并将它们放置到孩子够不到的地方,因为她曾听过一位学员演讲,详细叙说一位母亲发现自己的孩子握着一瓶有毒药物,昏倒在浴室地板上。

发生在你身上并且令你永世难忘的特殊经验,是构成以说服为目的演讲的首要组成部分。这样的事例,可以促使听众们思考并付诸行动——在他们看来,你遇到的事情,他们也可能遭遇,那就有必要记住你的经验和忠告,施以相应的行动,尽量避免。

2. 第一句话就直奔事例细节。

把事例放在演讲的开端,很重要的一个原因就是为了在第一时间抓住听众的注意力。一些演讲者不能在开场就赢得听众的关注,大多是先致歉意或者用一些泛泛之词,这是最让听众倒胃口的做法。"我还不习惯在这么多人面前演讲。"听起来更遭人讨厌。还有一些老套的演讲方式,例如,详细说明自己如何精心地准备演讲,或者解释自己准备工作不够完美,又或者像个传道的牧师那样说出自己的主题。这些早应被摒弃的方

第七章
简短的演讲激起良好的回应

式,都引不起听众的丝毫兴趣。

一些一流报纸杂志的作者有这样的秘诀:从你的事例细节开始,立即可以抓住听众的心。

下面这些是能像磁石一样深深吸引我的开场语:"1942年的一天,我醒来后,发觉自己躺在医院的病床上……""昨天吃早餐时,我的妻子正在煮咖啡……""去年7月份,我正高速驶入42号公路的路口时……""办公室的门突然被推开了,我的主管查理·冯冲了进来……""我正在湖心岛上钓鱼,猛一抬头,只见一艘快艇正冲着我飞速驶来……"

要是你在开头所说的话满足了下述问题其中之一:什么人?什么时间?什么地点?什么事件?如何发生的?因为什么而发生的?那你已经掌握了世界上一种最古老但最有效的赢得注意力的方法。

"从前……"就像打开魔法大门的咒语,它开启了人们幼年时的幻想之门,运用充满人情味的方法,你将轻松地引导听众对演讲的倾听之心。

3. 充满围绕中心的细节。

细节本身不具备趣味性。一间到处散置着家具和古董的房间不会好看,一幅图画满是不相关的细物,也不能让眼睛停留。同样,太多无关紧要的细节,也会让交谈和演讲成为无聊的耐力试验。所以你要只选用能强调你的演讲重点和缘由的细节。如果你想告诉大家:在长途旅行前,应先检查车辆状况,那么你应该详细讲述旅行前因为没有事先检查车辆所发生的悲剧。但如果你去讲怎样观赏风景,或者抵达目的地后在什么地方过夜,就只会遮盖重点,分散注意力。

但是,如果你围绕你的话题重点,用精彩的语言来渲染你的故事,确实是最好的方法。它可以帮助你重现当时的状况,让听众感觉历历在目。只说你从前曾因疏忽而发生意外,很难让听众警觉着小心驾车,这样的方法是愚蠢并且没有趣味的。如果把惊心动魄的经验转化为语言,使用各种辞藻传达你的感受,那么就能把这件事烙在听众的心里,他们也就相信了你的忠告。请看下面的实例,这是一个学员的一段演讲,他生动地指出,寒冬开车要多么的小心。

1949年,就在圣诞节前一天的早上,我在印第安纳州41号公路上往北行驶,车里有我的妻子和两个孩子。我们已经沿着一段平滑如镜的冰路缓慢地行驶了好几个小时——稍稍触及方向盘,便会让我的福特车滑得一塌糊涂。时间就这样一小时一小时慢慢地过去。

我们来到一处开阔的转弯处。这儿的冰雪已经开始融化,所以我就踩上油门,想弥补失去的时间。其他的人也一样,大家似乎都很匆忙,想第一个到达芝加哥。危险引起的紧张卸下了,孩子们也开始在后座唱起歌来。

汽车开始走上一段上坡路,进了一处森林地带。当汽车急驰到坡顶时,突然,我看到——可是太迟了——北边的山坡因为没有阳光,所以路

第七章
简短的演讲激起良好的回应

面的结冰没有融化,我们的车便打滑冲了出去。我们飞过路沿,完全失去控制,然后落进雪堆里,仍然直立着。汽车的车门被撞碎了,落了我们一身碎玻璃。

这件事例中丰富的细节,很容易让听众感觉身临其境。你就是要让听众看到你所看到的,听到你所听到的,感觉到你所感觉到的。要做到这一点唯一的方法,就是使用丰富而具体的细节。如同前面所指出的,讲清楚时间、地点、人物、事件和发生的原因5个要素和特定的语气来刺激听众的视觉想象力。

4. 叙述时让经验重现。

除了运用图画般的细节外,演讲者还应该让自己当时的经历情景再现。演讲和艺术"表演"有相近的地方,所有出名的演讲家都会有一种表演的成分。这并非是一种只能在雄辩家身上找到的稀罕的特质,很多小孩子有这种才能,我们认识的很多人也都有这样的天赋,富于面部表情,善于模仿或做手势。我们多数人都有某种这样的技巧,只要稍加努力和练习,便能有更多的发展。

在你以事例进行描述时,在其中加入越多的动作和激动的情感,就越能给听众留下深刻的印象。演讲不论多么的富于细节,若演讲者不能以再创造的热情来讲述,演讲依然没有力量。

你想给我们描述一场大火吗?那就把消防队与火焰搏斗时人们感受到的激烈、焦灼、兴奋、紧张的感觉传递给我们。你想告诉我们你同邻居间的一场争吵吗?把它再现在我们眼前,让它戏剧化。你想诉说在水中作最后挣扎时袭上心头的惊恐感觉吗?就让我们感受到生命里那些可怕时刻里的绝望吧!

举例的目的之一，就是让自己的演讲被人们牢记不忘。只有让事例深印在听众脑海中，他们才会记住你的演讲，以及你要他们做的事。我们总能记得华盛顿的诚实，是由于樱桃树的事情已经凭借韦姆斯的传记深入人心。圣经《新约》是嘉言懿行的丰富宝库，其道德操守原则，都是凭借富含人情味的事例来传达、强化。《善良的撒马利亚人》的故事就是如此。

这样的事例，除了可以让自己的演讲容易被人记忆，还可使你的演讲更加风趣，更有说服力，也更容易理解。生命所教给你的经验，已被听众重新感知，他们，就某种意义而言，已经决心照你的意思来响应。这样，我们就到了"魔术公式"第二道的门前。

大师金言

自身的经历、丰富的细节、简洁的语言，很容易使听众将自己投身于故事中，使他们听到你原先所听到的，看到你原先所看到的，感受你原先所感受到的。

第七章
简短的演讲激起良好的回应

03 指出问题的关键，
直接向听众提出请求

现在，进入获得良好回应举例的阶段，已用去你3/4以上的时间。假设你只讲两分钟，那你就只剩下20秒钟来说出你期望听众采取的行动和采取这种行动的好处了。讲述细节的需要已经没有了，做直截了当的声明的时候已到。这与报纸消息的技巧相反，你不先说标题，你先讲故事，再以自己的目的或对听众行动的请求作为标题。这一步可通过三条法则进行。

1. 重点简明扼要。

要简明扼要地告诉听众，你想让人们一般只会去做他们清楚了解的事情。所以，你必须问自己，现在听众已经准备听你的话去行动了，那么你是不是确实告诉他们做什么了？把重点像写电报稿一样定下来，是个很不错的主意，尽可能地精简字数，而又要使其清楚、明白。不要说："帮助我们本地孤儿院里的病童吧。"因为这样太笼统，应该这样说："今晚就签名，下星期天会齐，带领25名孤儿去野餐。"更为重要的是，你的请求一定要是明显的行动，可以看得见的，而不是心理活动，那太含混了。

举例说吧:"时时想想祖父母吧!"就太含糊而不好去行动,要这样说:"本周末就去看望祖父母吧!"还比如说"要爱国",就改变成"下星期二就请投下你神圣的一票"。

2. 重点简单易行。

不论问题是什么,是不是还争论不清,演讲者有责任把自己的重点和对行动的请求讲得容易让听众理解和行动。最好的方法就是你的主张要明确。如果让听众增长记忆人名的能力,可别说"现在便开始增加你对人名的记忆次数",这样也太笼统,无从做起。不如说:"在你遇到下一个陌生人开始,5分钟之内就重复他的姓名5次。"

演讲者给予明确的详细指示,比概略的言辞更能引发听众的行动。说

第七章
简短的演讲激起良好的回应

"在祝康复的卡片上签名"要远比劝听众寄慰问卡或写信给一位住院的同学更好。

至于应该使用肯定还是否定的方式来叙述,取决于听众的观点。两种方式之间并没有好坏之分。以否定方式说明应该避免的东西,就比肯定陈述的请求对听众更具说服力。"不要做个摘灯泡的人",是若干年前为销售电灯泡而设计的广告,这句否定的措辞收效就很好。

3. 满怀信念地陈述重点。

主张,就是你谈话的全部主题,或是观点、要点,因此应该有力而信心十足地陈述出来。就像标题的字母会特别显著突出一样,你对行动的请求也应该通过激烈的演讲,直接强调。你现在就要给听众留下"阳光"的印象,让听众感觉到你的诚意。你的请求不应有不确定或无信心的语气,游说的态度应持续到最后一个词,然后再进行"魔术公式"里的第三步。

大师金言

一场演讲,结尾是关键,无需再卖关子,直截了当地作出结论,是最好的选择。

04 给出理由和
　　听众付诸行动的好处

在这个阶段，简明扼要依然是重点，这时，你要告诉听众如果他们按照你说的去做会获得什么好处，让他们愿意接受你的论点。

1. 理由和事例紧密关联。

有很多文章都在谈论如何在演讲中鼓舞听众，而且这个题目对任何"劝说听众"的谈话都有用，我们在这一章要谈的只是简单的谈话，你要做的就是只要一两句话就能让听众从你的演讲中获得他们想要的好处，你要注意，你所提及的好处，必须和你所举的例子有一定的关系。例如，你告诉听众你是怎样在买一辆二手车时省下一笔钱的，要求他们也买二手车，这时，你要做的就是告诉他们，如果他们买了二手车，会给他们的财政支出带来什么样的好处。如果你讲的是二手车和新车在样式上的比较就跑题了。

第七章
简短的演讲激起良好的回应

2. 强调唯一的理由。

推销员为了让你买他们的产品，可以一口气说出十几个理由来，同样，你也能为自己的观点举出好几个理由，而且还全都与你的事例相关。不过，最明智的做法，还是选择一个比较特殊的理由或是好处，用简短明确的语言表述出来。如果你能潜心研究各大报刊上刊登的广告词，会帮助你提高这一技巧。每则广告都专一地推荐一种产品，而对这个产品则通常只点出一个推销重点。产品公司可能会把广告从报纸推进到电视，但不论是口头还是视觉介绍方式，都很少在同一种广告里做出多个推销重点。

如果你对报纸、杂志、电视上的广告进行深入分析，你会惊奇地发觉，原来，运用了"魔法公式"的广告比比皆是，其用意在于引起人们的购买欲望。

还有许多其他的事例叙述方式，诸如：统计数字、展示、专家言论、类比，等等。这里所说的"魔法要则"更适宜于个人化的事例。在以说

149

服、激励行动为目标的演讲中，这是谈话者可以运用的最行之有效、富有戏剧性的构建演讲的方式。

大师金言

演讲一定要让听众受益，否则，演讲就是失败的。

第八章
向听众说明情况的演讲

　　"讲清楚"使人明了，是说明性演讲的目的。可惜，有许许多多的演讲者从来没有把自己的意念表达清楚过。内容无重点，思路不清楚，就导致了不成功。

01 清楚地陈述和表达

也许你经常听到类似下面这些演讲者的演讲。有一位美国联邦政府的高层政府官员应邀到参议院的一个调查委员会做报告。他丝毫不懂得什么是演讲技巧，只知道不停地讲了又讲，不但语意模糊，思路不清，而且讲话毫无重点，可以说是让人不知其所云。委员们听得糊里糊涂，脸上都显出了坐立不安的样子。最后，有位来自北卡罗来纳州的议员萨莫尔·欧文抓住机会站起来讲了一席话。

他说，这位官员使他想起了一对夫妻的故事。这位丈夫通告律师为他办理离婚手续。当然，他不否认这位妻子长得漂亮，烹饪手艺也不错，还是个负责尽职的母亲。

"那你为什么还要同她离婚呢？"律师问道。

"因为她整天说个不停。"这位丈夫回答。

"她都说些什么呢？"

"问题就在这儿，"丈夫又回答，"她从来没讲清楚什么。"

第八章
向听众说明情况的演讲

　　这就是问题所在,许许多多的演讲者,大家根本不知道他们在扯些什么,他们也从来都说不清楚,也从来没试图说清楚过。

　　不要低估了"说清楚"的重要性及困难程度。我曾经听一位爱尔兰诗人在晚会中朗诵他自己的诗,极少的听众知道他在说些什么。许多谈话者,不管是在公开或私下场合,也经常犯下这种错误。

　　我曾经和奥利佛·罗吉爵士讨论演讲的基本要件是什么。罗吉爵士有着40年在各大学讲学及巡回演讲的丰富经验。他强调,有两件事是最重要的:第一,知识与准备;第二,努力准备,清楚表达。

　　普鲁士名将毛奇元帅在法国与普鲁士战争爆发之初,对他属下的军官说:"记住,各位,任何'可能会'被误解的命令,'将会'被误解。"

　　拿破仑也明白这种情况的危险。他一再向他的秘书下达的最慎重的一道指示就是:"要清楚!清楚!"

　　每天,我们要做很多次说明性的谈话,比如提出说明或指示,提出解释和报告。每星期在各地对听众所作的各种类型的演讲中,说明性的演讲仅次于说服获得行动响应的演讲。说清楚的能力,其实也是打动听众去行

153

动的能力。欧文．D．杨是美国工业巨子之一，他也强调清晰的表达重点在当今社会有多么重要。

当一个人具备了让人们了解自己的能力时，他也获得了走向成功的有用的价值。

当然，在我们这个社会里，即使是最简单的事情，人们也应该彼此合作，所以，他们首先必须相互了解。语言是了解的主要传递媒介，所以我们必须学会使用它，不是粗略地，而是精确地。

大师金言

凡是可以想到的事情，都是可以清楚地思考的。而凡是可以说出口的事，就可以清晰地表达出来。

第八章
向听众说明情况的演讲

02 限制题材，
　　以配合特定的时间

　　威廉·詹姆斯教授有一次在跟教师们谈话时指出，一场演讲，最好限定自己只讲一个论点。他所指的一场演讲，是指持续达一个小时的演讲。但最近，我听见一位演讲者在一开始时便宣称，他要在指定的3分钟内，提到11个论点，也就是每个论点只有16秒半的时间！真是不可思议！谁会做这么荒唐的事？不错，这个例子是比较特殊，但纵使情况没有这么严重，对任何一个新手来说，论点太大也注定要出差错。这就好像导游想在一天之内带领游客游遍整个巴黎一样。当然这也不一定不可能，我们当然可以在30分钟之内走完美国历史博物馆，但是结果一定是既看不清楚，又无乐趣可言。许多演讲之所以讲不清楚，就是因为演讲人企图在指定的时间内创下世界纪录。他急切地从一个论点跳跃到另一个论点，敏捷、快速，就好像高山上的羚羊一般。

　　举个例子，假定你现在应邀到"劳工联盟"发表演讲，千万别想在短短的3分钟或6分钟之内告诉他们，联盟如何诞生、如何雇佣员工、完成了些什么任务、做了些什么不对的事,或是解决了哪些纷争,等等。别,千万别这样做!假如你执意如此,那么没有人会对你所讲的东西有十分清楚的概念。他们甚至会被弄得糊里糊涂,对每个主题除了模糊的轮廓外,什么都不清楚。

所以,假如你只选择一个主题,而且仅此一个,这样不是更明智吗?你可以就劳工联盟的题材选一个问题来谈,然后收集尽可能多的资料,描述得详尽一些。这样的谈话可给听众留下更深刻的印象,这样做不但能使主题清晰明了,而且听众更容易记在心里。

有一次,我到一家公司拜访我认识的一个朋友,发现他们总经理的门上标着一个奇怪的名字。那家公司的人事主任是我的老朋友,便告诉了我那个名字的由来。

"他的名字跟他本人很配。"我的朋友说道。

"他的名字?"我重复道,"难道他不是控制这家公司的琼斯家族中的一员吗?"

"我说的是他的外号,"我的朋友回答,"我们都叫他'在何方'

第八章
向听众说明情况的演讲

先生。因为我们常常找不到他，不知他在哪里。他的职位是琼斯家族给他的，他根本不用操心去了解整个公司的经营状况。虽然他每天留在公司的时间很长，但他都做了些什么呢？他一下跑到这儿，一下又跑到那儿，什么地方都去。他认为有些事很重要，比如，看看营销部人员修理电灯，或看速记员如何挑选纸夹等，却不去研究销售计划一类的事，他不经常留在办公室，因此才得到'在何方'这么一个雅号。"

"在何方"不禁使我想到许多演讲者也是这样。他们本来可以做得很好，就因为没有抓住原则，反而弄巧成拙。就像"在何方"先生什么琐事都管一样。你有没有听过这样的演讲呢？听这样的演讲，你是不是也经常疑惑："他现在究竟在何方呢？"

许多有经验的演讲人也时常犯下这种错误，也许是因为他们在其他方面的能力使他们忽略了这些错误的严重性。你一定不能像他们那样，一定要把握主题。假如你要使听众对你所讲的东西清楚明了，一定要让他们随时想到："我了解这个人，我知道他现在在何方！"

限定主题，当然也要限定时间。马克·吐温曾经讲过他的这样一次经历：

"有一个礼拜天，我到礼拜堂去，恰好一位传教士用激动而令人哀怜的语言讲述非洲传教士的艰苦生活。当他说了5分钟以后，我马上决定对这件有意义的事捐赠50元；当他接着讲了10分钟后，我就决定把捐赠的数目减至25元；当他继续滔滔不绝地讲了1个小时后，拿起钵子走向听众请求捐赠，从我面前走过的时候，我却反而从钵子里偷走了两块钱。"

常常有人为了说清楚自己想表达的事情，花费太多的时间。一项心理学研究结果表明，假设发言的长度为45分钟，对于听众来说，最有效的时间只是前面的15分钟。后面的30分钟，听众收效极差。有一句谚语说，

"有时候，大脑只能吸收座位能够承受的东西。"这说明，人们对于长篇大论的谈话的忍耐是有限度的。

用不着担心自己说不清楚问题，这完全是不必要的心理负担。你的语言越是重点突出，越是具体，你就越有可能引起听众的共鸣，给听众留下深刻的印象。当你的演讲中信息过多，演讲时间过长的时候，你既无法引起听众的关注，也不能激发听众的兴趣。

大师金言

你的语言越是重点突出，越是具体，你就越有可能引起听众的共鸣，给听众留下深刻的印象。

03 概念
条理清楚

几乎所有的题材都可以因恰当的安排而增强效果。这包括时间、空间，或特殊话题的安排等。举例来说，在时间安排方面，你可以把材料就过去、现在、将来的顺序进行安排；或是先选定一个日期，然后就这个日期向前或向后叙述。此外，所有对事件的说明必须由第一手资料开始，然后经过各种制作过程生产出成品。当然这其中到底应安排多少细节，由你的演讲时间来定。

在空间安排方面，你可以把自己的概念先由中心点开始，然后逐渐向外扩展，或是依照东、南、西、北4个方向逐一介绍。比如你想介绍美国首都华盛顿，不妨先从白宫谈起，然后根据方向，按顺序说明每一个值得介绍的地方。又假如你想介绍飞机引擎或汽车，最好也是按照它们的零件构造，逐一说明。

有些材料具有一种"既定关系"，比如你现在想介绍美国政府的组织设置，最好依着这个组织的习惯构架来讨论，如行政机关、立法机关、司法机关等。

大师金言

所有的题材几乎都可以用合理的时间、空间和特别的话题顺序来发挥。三者巧妙的排列组合，是成功演讲的前提。

第八章
向听众说明情况的演讲

04 依次说出
自己的要点

要想让整个演讲在听众心中留下鲜明简洁的印象，一个最简单的方法就是，在你说明的过程当中，把要点一个个地列举出来。

"我要说的第一个要点是……"你可以像这样简单明了地说出来。在你讨论自己的论点的时候，可以明白地向听众宣示这是你的第一个论点，然后是第二、第三……一直到最后。

拉尔夫·布切博士在担任联合国秘书长助理的时候，有次应邀到纽约罗切斯特的市政俱乐部发表演讲。他直截了当地这样说：

"今晚，我被选来讲述'人际关系的挑战'，理由有两个。第一……"然后，他又接着说："第二……"在整个谈话过程中，他都非常用心地让听众了解他的论点，然后才进入结论：

"因此，我们永远不要对人类行善的潜在力量失去信心。"

经济学家保罗·道格拉斯也喜欢用这样的方法，但是有点小小的改变：

"我的主要重点是……"他这样开始,"刺激经济复苏最简捷有效的方法是:减少中下阶层的课税——因为这些课税通常都会用尽他们所有的收入。"

"其次……"他又继续说道。

"接着……"他继续说道。

"还有……"他继续说道。

"其中有三个主要原因。第一……第二……第三……"

"总而言之,我们必须尽快减少对中下阶层的课税,如此才能真正增加群众的购买力。"

第八章
向听众说明情况的演讲

大师金言

依次列举你要讲述的要点,会让听众感到你有备而来,而且条理清晰,便于他们的接受。

05 用大家熟悉的
观念阐述新的观念

有时候,你会觉得自己很难向听众解释某些观点。但这些观念对你来说是相当清楚的。对听众来说,这些观念需要花费你一番口舌才能使他们明白,甚至有的怎么也弄不明白。这该怎么办呢?最好的方法是用听众熟悉的东西作参照,这样,听众就更加容易接受、也更加清楚了。

假定你现在要讨论工业化学药品——催化剂对工业的贡献。催化剂能促使其他物质发生变化,而本身却不受影响,这是我们对它通常的解释。但如果你换一种说法来解释它,岂不是更容易懂吗?你可以说,这就好比有个小男孩在学校操场上捉弄、殴打或欺负别的小孩,自己却从来没有挨过别人一拳。

有些传教士在异地传教的时候,发现很难把《圣经》上的某些词句恰当地用当地语言表述出来。如在赤道非洲地区,他们意识到,如果以下的句子仅照字面解释,就很难让当地土著人完全明了:"虽然你们的罪孽如血一般殷红,仍可以将它洗涤得如雪一般洁白。"那些传教士是否照着

第八章
向听众说明情况的演讲

字面来翻译呢？那些生长在热带丛林的土著，怎么可能知道雪是怎样的白呢？但是，那些土著却常爬上椰子树去摘取椰子果，因此传教士便根据当地人的情况将经文做了这样的改变："虽然你们的罪孽如血一般红，却可以将之洗净得如椰肉一样白。"

作了这样的改变以后，其说服力不是更强吗？

1.将事件转化成图像。

月亮离地球有多远呢？还有太阳，以及其他最近的星球呢？科学家通常喜欢用数字来回答许多太空遨游之类的问题。但是，谈论科学题材的演讲者或作家，却知道这很难使一般听众和读者有个清晰的概念，因而最好把这些素材图像化。

著名的科学家詹姆斯·吉恩斯博士对人类渴望探索太空的心理特别了解。作为一名科学专家，他也知道数学在这方面的重要性。所以在写有关这方面的文章，或演讲有关这方面的主题时，他偶尔也会使用一些数字。

太阳（恒星）和其他环绕着我们的星球，由于离我们很近，因此，我们很难体会其他非太阳系的星球究竟离我们有多远。吉恩斯在《环绕我们的宇宙》一书中指出："甚至连距离我们最近的恒星，也距离我们有25万亿英里之遥。"最后，为了使这个数字更具体，他解释道：假如一个人用光速——每秒18.6万英里从地球出发，需要4.25年才能到达距我们最近的恒星。

几年前，有位训练班的学员在描述高速公路发生的惊人伤亡记录时说："你从纽约开车到洛杉矶，一路上，高速公路上的路标不见了。地面上耸立的是一具具的棺木，里边躺着的是去年在公路上因车祸死亡的人。你开车向前走，每隔5秒钟便发现一具棺木，从大陆的这一头一直到另一头。"

自从听了这个描述之后,以后我开车再不敢开得太快了。

为什么会这样呢?因为单从耳朵听来的印象并不容易记住。但眼睛的印象怎么样呢?几年前,我在多瑙河畔见到一颗炮弹嵌在河堤上的一座老房子上——那是拿破仑在乌尔姆战役时发射的炮弹,视觉印象就如同那颗炮弹一样,产生了可怕的冲击力,嵌入我们的记忆里,并驱逐所有不利的建议,就像当年拿破仑驱逐当地的奥地利人一样。

2.避免使用专业术语。

假如你是专业的技术人员,如律师、医师、工程师,或从事特殊的商业买卖的商人——在你为普通听众演讲的时候,请记住,一定要用一般的日常用语,必要时还需详细解释一下。

你一定要对此加倍小心,因为我听过无数次专业性的演讲,有许多人就是没有注意到这一点而最终失败。这些演讲人完全没有注意到一般大众并不清楚那些特别用语,于是他们的演讲把听众弄得糊里糊涂。

那么,当你作专业性演讲的时候,你该怎么办呢?以下是印第安纳州前参议员比威利齐的建议,你可以作为参考。

第八章
向听众说明情况的演讲

　　一种比较好的联系方法是从听众当中选出一位看起来最不聪明的人为对象,然后努力使那个人对你所谈论的东西发生兴趣。我想,只有把你的论点讲得通俗明白,才会收到良好的效果。还有个更好的办法,就是从听众当中选出一个小男孩或小女孩,这样效果会更好。

　　告诉自己——大声讲出来让听众知道,如果你喜欢——你要尽量使那个小孩明白你所讲的话,并记住你对许多问题的种种解释。而且在演讲之后,还能说出你究竟讲了些什么话。

　　在训练班里有位医师,他演讲的题目是"腹部呼吸对肠蠕动有何帮助,以及对身体健康有何益处"。他正滔滔不绝地讲着一个个医学名词时,老师马上制止了他。老师要他先调查班上有多少人知道腹部呼吸,以及腹部呼吸与一般呼吸的区别;什么是肠蠕动,腹部呼吸与肠蠕动有什么关系等问题。调查的结果使那位医师大为吃惊。于是他不得不重新来过,把一些医学名词用简单明白的日常用语解释清楚。

　　向听众说明专业性用语时,最好的方法就是用简单的例子来做比较。举个例子,你现在要向一群家庭主妇解释冰箱除霜的原理。以下的说法显然过于深奥难懂:

　　冰箱的功能是建立在"由蒸发器把冰箱内部的热气抽出"的原理上的。一旦热气被抽出,伴同热气的水蒸气便附在蒸发器上,以致逐渐堆积成霜,而形成绝缘体。此时,蒸发器就必须加速引擎的转动,才能弥补因结霜所造成的绝缘后果。

　　亚里士多德曾说:"思考时,要像一位智者;但讲话时,要像一位普通人。"假如你不得不使用专业用语,就得先详细说明一下,并确定每个听众都明白那些用语的意思。尤其是碰到一再出现的关键字,就更得留意一下了。

有一次，我听一位股票经纪人对着一群妇女发表演讲，介绍有关银行的业务和一些投资事项。他用简单朴实的语言解释，而且采用对话方式，整个谈话十分轻松，内容也很详细清楚。只是他有些基本用语仍然十分专业，如"票据交换""特许权的买卖""长短期股票买卖"等。由于这位股票经纪人没有察觉到听众并不清楚这些专业用语，致使本来很成功的演讲，大打折扣。

大师金言

不要使用太多的晦涩的专业术语，当然，你也没有必要故意免去一些关键的专业用语。只要在用到的时候，记得说清楚即可。

第八章
向听众说明情况的演讲

06 运用
视觉效果

　　大脑和眼睛相关联的神经要远远多于和耳朵相关联的神经,因此科学家说:我们通过视觉得到的注意是听觉的25倍。

　　中国有一句俗语,也是这个意思,叫做"百闻不如一见"。

　　如果你希望演讲或谈话生动形象,就要让你的观点具有立体感,令听众对你的演讲有一种视觉感受。美国收银机公司前总裁派特森对使用此法颇有心得,还专门为《系统杂志》写过一篇文章,来介绍自己对生产工人和销售人员作演讲的方法:

　　想要让别人了解你,或是引起别人的注意,仅凭语言是不够的,你要借用一些戏剧化的方式,以达到效果。在我看来,最好的方式莫过于借用图画的形式,来表现对和错两种截然不同的观点,图表比文字有力度,而比图表更具说服力的就是图画了。你想要阐述某个主题吗?那就配以相应的图画来表现吧,语言或文字可作为图画的辅佐。很久以前我就已经明白,一个画面的作用远胜过我所说的任何言语。

　　效果最好的是有趣好玩的图画，我个人就收集了一整套图表格式和幽默画。在一个圆里画上美元的符号，那就代表了一张美钞，要是画一个袋子，上面再画一个美元符号，那就代表了大笔金钱。像满月一样的圆脸蛋很受欢迎，先画个圆圈，再简单用线条表示眼睛、鼻子、嘴巴、耳朵，只需稍微改变线条的起伏，就可以让这张圆脸展示出丰富的表情，思想陈腐的老古董嘴角总是严肃地向下，风流时尚的年轻人嘴角总是愉快地上扬。这些图画并不复杂，我最喜欢的不是那些画出美丽风景的画家，而是漫画家。这些图画最妙之处就在于可以直观地对比、示范。

　　你并排画一个装美元的大袋子和一个小袋子，就能很清楚地表示出对的和错的方式，大袋子表明钱赚得很多，小袋子无疑是在说进项很少。你可以在演讲时用极短的时间随手画出简单的图画，不用担心听众不再关注你，他们反而会更好奇，想知道你究竟在画些什么，也想听你说明画出图画的目的，而且幽默的画面还会让他们感到愉快。

　　我常常会聘请画家到我的工厂和专卖店里去观察一番，请他用素描画的形式将一些不适当的行为或应避免的事情记录下来，然后再将这些素

第八章
向听众说明情况的演讲

描画成正式的图画。我将有关人员召集来，把图画展示给他们看，让他们立即领悟到自己是什么地方做错了。投影仪一投放市场，我就马上买了一台，可以将画面打在墙壁上立体起来，自然要比平面的效果好了很多。后来，我又第一时间买了一架电影放映机，在我公司的一个部门，专门存放了6万多张立体幻灯片，还有许多部影片。

值得注意的是，图画并非适用于每次演讲或者谈话，不过，我们要在适用的场合尽量地发挥它的功效，这是引起听众注意，提高他们兴趣，还能充分表现我们想法的好方式。

在使用图表时，要特别注意能让听众看得清楚明白。而且，也要注意图表的使用不宜过多过于频繁，没完没了的图表也是会令人心生厌烦的。如果你在演讲中边讲边画，画的速度一定要快，画面越简单抽象越好，要知道，听众可不是来欣赏绘画作品的。一边画，一边继续对听众讲话，而且要尽量转身面对听众。

当你使用展示物时，下面是几点小建议，相信一定会吸引听众的注意力：

（1）不要让听众提前看到展示物，在真正需要时才展示出来。

（2）展示物必须足够大，以保证最后一排的听众也可以清楚地看到，不然，听众又怎能从展示物得到启迪呢？

（3）继续演讲时，不要让展示物在听众手里传阅，这等于是给自己找了个分散听众注意力的对手。

（4）将展示物举起，令所有人目光可及。

（5）若是条件允许，可以在现场利用展示物作示范，那样会比举出10样物品的效果好上百倍。

（6）不要盯着展示物讲话，你的沟通对象是听众，而不是它。

（7）展示物使用过后，立即收起来，放在听众看不到的地方。

（8）要是想赋予展示物以神秘色彩，那不妨在演讲时，将它用东西蒙上，放在身旁的桌子上。故意找机会多次提到它，但不说出究竟是什么，让听众既好奇又期待，一直期待等着你揭开谜底。

在听众面前，说出自己的想法，同时展示给他们看，这种视觉刺激将会带给听众记忆犹新的感受。

林肯总统认为，我们一定要对清晰的表达充满狂热的信念。新萨勒姆学校的校长葛拉罕曾回忆说："据我所知，林肯常常会为了一件事，花上好几个钟头来研究怎样用3种最好的方法来表达它。"

另一位美国总统伍德罗·威尔逊曾经写下一段回忆，就让我们将此作为本节最后的总结吧：

"我的父亲是一位智者，我的语言训练来自父亲的教诲，他不能容忍晦涩含糊的表达，从我开始学写字，一直到他81岁高龄去世前，我习惯于把给他写的东西带在身边。每次见面，他都会要求我大声朗读，这对我而言，可真不是什么愉快的事情。他时不时地打断我，'这话什么意思？'我便解释给他听，当然要比写下来的更简洁明了，这时，他就会教训我说：'刚才你为什么不这样说？不要用鸟枪来点醒自己的想法，结果只能乱糟糟一片。记住，要用来复枪瞄准你说的每句话。'"

大师金言

"百闻不如一见"，用视觉材料把自己脑子里所想的说给听众听，展示给听众看，保证听众会听得更懂。

第九章
即席演讲的方法

一切成功演讲的关键是演讲者和听众建立的和谐的关系。即席演讲，其实也不过就是在自己客厅里对朋友聊天的扩大而已。

01 练习即席演讲

即席演讲又叫即兴演讲、即时演讲,是演讲者事先没有充分准备,因事而发,触景生情,乘兴所作的一种临时性演讲。

不久前,在一家制药公司新实验室落成典礼聚会上,研究处处长的6名属下进行了发言,讲述化学家和生物学家们正在进行的了不起的工作——他们正在研究抵抗传染疾病的新疫苗,研究对抗过滤性病毒的新抗生素,研究缓解紧张的新镇静剂。他们先用动物进行实验,再在人类身上进行试验,结果都令人非常满意。

"真是奇迹,"一位官员对研究处处长说,"你的手下真是太神奇了,他简直是魔术师。不过你怎么不讲讲呢?"

"我只能对着自己的脚讲话,不敢面对听众讲话。"研究处处长黯然地说。

没有想到,主席让他吃惊不小。

主席说:"我们还没有听到我们的研究处处长讲话,他不喜欢发表正

第九章
即席演讲的方法

式演讲,我想就请他向我们说几句话吧。"

结果,处长站起来,很费劲地说了几句话。他为自己没能详细解说道歉,这就是他所说的全部内容。

他站在那里,一个在自己行业里的杰出人才,看上去笨拙而迷惘。这是不必要的,他可以学会即席演讲的。我还没有看到我训练班上任何一个有决心的学员学不会这一招。他们一开始拥有的,就是这位研究处处长没有的——坚决、勇敢地击倒失败的态度。然后,需要一种不动摇的意志,不论怎样困难都坚决要讲。

"若是先有准备并有练习,那不会有丝毫困难,"你会这样说,"可是如果意料之外的讲话,我真的不知说什么了。"

但是现代的商业需要，以及现代人口头沟通的自在随意，使这种即席发言的能力不可缺少。我们需要迅速组织思想并流畅地遣词造句。许多影响到今日工业和政府的决定，都不是出于一人，而是在会议桌上商定的。每个人都可以说出自己的想法，然而在这群策群议的会议里，他的话必须强劲有力，才能对集体决议发生影响。这也是即席演讲要生动突出的原因。

任何智力正常、能自我控制的人，都能够发表令人接受、有时还是很精彩的即席演讲。所谓即席演讲是指"不假思索地讲出来"。当然有几个方法，可以帮助你在突然被人邀请讲几句话时流畅地表达自己。其一是采用一些著名演员使用过的一种方法。

很多年前，道格拉斯·费班克为《美国杂志》写了篇文章，其中描述了一种益智游戏，在两年的时间里，查理·卓别林、玛丽·皮克福和他几乎每晚都玩儿。这不仅仅是游戏，也包含演讲技巧里最困难的练习——站着思考。根据费班克写的文章，这个"游戏"这样进行：

"我们每个人各在一张小纸条上写下一个题目，然后把纸条折起，混在一块儿。一个人抽出题目，要求马上站起来用那个题目说上一分钟。同一题目只使用一次。一天晚上，我抽到的题目是谈'灯罩'。如果你以为容易，不妨试试。不过，我总算过了关。重要的一点是，从我们开始玩这个游戏以来，我们都机灵多了。对于各种各样的题目我们也有更多的了解。但是，更有用的是，我们都学会了在瞬间就能根据任何题目收集自己的知识和思想，我们学会了怎样站着思考。"

有时在我班学员的训练中，我会经常请我的学生起来即席演讲。经验告诉我，这种练习有这样两个作用：第一，它可以增强班上的人的信心，相信他们能够站着思考；第二，这种经验让他们在作有准备的演讲时，更不慌不忙，更有十足的信心。

第九章
即席演讲的方法

　　他们意识到,即使在作有准备的演讲时,也会发生脑中突然一片空白这样糟糕的情况,但是他们有即席演讲的根基,就能条理清晰地谈话,直到重新回到原来的话题上。

　　所以,随时随地,班上的学员都会收到这样的通知:"今晚将给你们不同的题目进行演讲。要到站起来时才会知道自己的题目是什么。祝大家好运!"

　　结果怎样呢?会计师发现自己要讲做广告,而广告销售员发现要讲幼稚园;也许老师的题目是银行业务,而银行家的题目却是学校教学;伙计被指定谈生产,而生产专家则要讨论运输。

　　他们有没有觉得很难而最终放弃呢?从来没有!他们不把自己当作

是这方面的权威，而是在深思熟虑之后，把题目和他们熟悉的知识联系起来。开始尝试这种方法的时候，他们也许讲得不是很好，可是他们有勇气站起来了，并且张开嘴讲话了！有些人觉得简单，有些人觉得困难，但总的来说，这种方法很兴奋和刺激。他们看见自己竟然可以运用不敢相信自己会拥有的能力。

他们都能做到这些，我相信人人都可以做到——用你的意志力与信心——尝试得越多，它就会变得越简单。

我们的另一个方法，是即席演讲的联结技巧。这是我们训练班一个十分刺激的特点。我们告诉一个学生，要他以他能想出来的最奇妙的方式开始讲述一个故事。举个例子说："前几天我正驾着直升机，突然，一大群飞碟朝我靠近，我被迫下降。不料，靠近的飞碟里，有个小人开始向我开火。我……"

铃声响起，这个演讲者的时间到了。然后，另一个学员继续他的故事，必须把故事接下去。等到每个人都讲完，这个故事也许结束在火星的运河边，或是在国会的大厅里了。

这种方法，用于培养即席演讲技巧的效果很好。一个人如果能多做这种练习，当他必须发表演讲时，他就越能轻车熟路地应付可能发生的任何情况。

大师金言

情急之下，一个人具有整理自己的思想并发表谈话的能力，有时候，要比经过长时间努力准备后的演讲更重要。

第九章 即席演讲的方法

02 随时做好发表
　　即席演讲的心理准备

1860年,林肯当选为美国第16任总统。次年2月11日,他在车站面对斯普林菲尔德热烈送行的群众,触景生情,发表了一则满怀激情的告别演说。

朋友们:

　　任何一个人,不处在我的地位,就不能理解我在这次告别会上的忧伤心情。我的一切都归功于这个地方,归功于这里的人民的好意。我在这里已经生活了四分之一个世纪,从青年进入了老年。我的孩子们出生在这里,有一个孩子埋葬在这里。我现在要走了,不知道哪一天能回来。我面临的任务比华盛顿当年担负的还要艰巨。没有始终伴随着华盛顿的帮助,我就不能获得成功。有了上帝的帮助,我绝不会失败。相信上帝会和我同行,也会和你们同在,而且会永远是到处都在,让我们满怀信心地希望一切都会圆满。愿上帝保佑你们,就像我希望你们在祈祷中会请求上帝保佑我一样，我向你们亲切地告别！

当你在毫无准备的情况下被邀请发言时，很多时候是希望你能对某一个属于你的领域内的题目表示一些看法。所以主要的问题是，要能去面对这种情况，并梳理出在这短短的时间里要谈论些什么。有个非常好的方法可以让你慢慢地掌握这其中的奥秘，那就是心理上对这些情况应该先有准备。在开会时，询问自己，如果被邀请起来讲话，应该讲些什么？这一次最适合讲哪个方面的问题？对于会上谈论的问题，该怎样措辞表示赞同或反对？

这就是我给出的第一个忠告：在心理上随时准备在各种场合作即席

第九章
即席演讲的方法

演讲。

有了这种准备，你就需要不断地思考，思考是全世界最难的事情。不过我确信，没有哪位有即席演讲家名号的人，是不花费时间来分析各种他参加过的公开场合，来做好准备的。好像一个飞行员不断向自己提出任何可能的难题，以随时准备在紧急状况下作出冷静而精确的反应。一位令人瞩目的即席演讲家，也是在作过无数次从未发表过的演讲以后，才把自己准备妥当的。像这样的演讲，其实也真不能算是"即席演讲"了，因为他们平日就准备着演讲啊。

因为你已经知道主题了，剩下的就是怎样组织材料，以便于配合时间、场合。既然要作即席演讲，时间上不会太长，首先考虑的就是你的主题适应的场合。不必道歉说没有准备，这应该是意料中的事。尽可能快地投入题目，进行迅速思考。如果现在你还没有办法做到这点，我请求你一定要听听下面的忠告。

大师金言

在心理上随时准备在各种场合作即席演讲。有了这种准备，你就需要不断地思考，思考是全世界最难的事情，思考得越周全，成功的可能性就越大。

03 马上举出事例

为什么？有三个原因：第一，你可以不必为下面一句要说什么费劲去想了，自己的经验体会可以随时说出来，即席演讲时也不例外。第二，你可以借此进入演讲的状态，帮助你驱散紧张感，叙述事例会让你更明确自己的主题。第三，你会在第一时间引起听众的关注，没有比用事例作开场更能吸引听众注意力的方法了。

如果听众对你叙述的事例饶有兴趣，你会受到鼓励而在极短时间内恢复自信。当你注意到听众对你的认可，仿佛看到听众对你的期望像强气流一般盘旋在他们上空，你就会想要继续与他们沟通，释放出最大的能量来满足听众。

演讲者和听众之间融洽的气氛，是成功演讲的基础，没有这个基础，沟通从何而来。用事例展开演讲无疑是最合适的方法，即便你只说几句话，举个简短的例子效果也会非常不错。

第九章
即席演讲的方法

大师金言

精彩的事例,会立即抓住听众的心。

04 充满情感和力量

像本书在前面几次说过的那样,如果你演讲时精神饱满,兴致勃勃的话,你的外部生气就会对内在精神起到很大的带动作用。你见过在演讲中经常用手势的人吗?他们的演讲通常很流利,有的甚至还临场发挥得更好,从而吸引了一大群的听众。生理状况对精神状态有很直接的影响。比如我们会把手的活动和心理活动结合在一起,我们会说"我们抓住了一个念头",或者是"我们已经掌握了这个思想"。我们的身体很有活力的时候,我们的精神也会随之振奋。就像威廉·詹姆士说的:"我们的心因此飞速地运转起来。"所以,请你不要吝惜自己热烈的情感,将其全部投入到演讲中,它将成功地帮助你成为出色的即席演讲者。

只有被感情支配的人最能使人相信他的情感是真实的,因为人们都具有同样的天然倾向,唯有最真实的生气或忧愁的人,才能激起人们的愤怒和忧郁。在话语交际过程中,要使对方感受到情感的真实,说话人的话语一定要受到发自内心的充沛情感的支配。

第九章
即席演讲的方法

大师金言

发自内心的真实的情感,最容易打动听众的心。

05 适宜的原则

不知道何时,你就会面临突如其来的请求:"你能说几句吗?"要么就是,在你正对主持人的话会心微笑时,突然听到他提到你的名字,全场的人都转过头来望着你,你还没弄明白发生了什么事情,这时主持人已经宣布,你就是下一位上台演讲的人。

这种情况下,你的心想不紧张都难,就像斯蒂芬·李柯克的那位愚蠢的骑士一样,他刚跨上马背,就"辨别不清方向"。此时,主要是使自己保持冷静。你可以做个深呼吸,先向主持人表示谢意。最好是注意会议的议题。记住这点,我提醒你,听众最感兴趣的莫过于他们自己和他们在做的事情,那么你可以从下面三方面来选择:

首先就是听众自身。想让演讲轻松愉快,那就不妨谈谈这方面。说说听众是什么人,正在做什么事,尤其是他们对公共事务和人类做出了一些突出贡献,那就一定要重点说说,同时,别忘了举个鲜明的事例来证明这一点。

第九章
即席演讲的方法

其次，就是所在的场合。当然，你可以谈一谈这次聚会的性质是什么，是纪念性的，还是颁奖典礼，或是年度总结会，又或者是政治集会。多联系现场的人和事，就能紧紧抓住听众的注意力。1848年，法国著名文学家维克多·雨果参加了巴黎市栽种"自由之树"的仪式并应邀发表了演讲：

这棵树作为自由的象征是多么恰如其分和美好呀！正像树木扎根于大地之中，自由之树是扎在人民心中的；像树木一样的自由长青不枯，让人民世世代代享受它的荫蔽……

这篇演讲恰如其分地切合当时的环境和气氛，因而被后人深深记住。

最后，如果你仔细听了前面的演讲，你可以说自己对某位演讲者提到的那一点很有兴趣，然后就此阐述一番。

成功的即席演讲，是真正与现场相关联的演讲，是演讲者对于听众或者现场的感受，就如同订做的手套那样贴合，它们是为了此时此地而诞生的。这也正是即席演讲的魅力所在：它们就像昙花，只在特定的时间绽放辉煌短暂的一刹那，但是留给听众的却是回味无穷的欢乐时光。在他们眼中，你俨然就是一位杰出的演讲家！

大师金言

即席演讲的魅力所在：它们就像昙花，只在特定的时间绽放辉煌短暂的一刹那，但是留给听众的却是回味无穷的欢乐时光。

第九章
即席演讲的方法

06 即席演讲
　　不等于即席乱讲

即席演讲时，你必须设立一个主题，围绕着这个主题进行阐述，你所举的事例要切合主题。并且不要忘记，拿出你全部的热诚，你自然会发现自己充满活力，更有力量。有没有准备已经不重要了。在参加聚会时，提前做好被人邀请发言的准备。如果确信会被邀请即席演讲的，尽量把自己的要点用几句短语概括。当开始演讲时，将要点逐条地叙述出来。

建筑设计师诺曼·贝赫特表示自己必须站着说话，不然就不知道怎样将意思表达清楚。当他对同事讲解某个建筑计划时，只能在办公室里走来走去，才能保证说话清楚明确。怎样坐着说话才是他所要学习的，最后他当然学会了。

我们大部分人都和他不同，我们要学会站着说话，我们当然也能够学会。先尝试第一次简短的演讲，然后再来第二次，这样坚持下去。我们的感觉会一次比一次好，总有一天，我们终于领悟到，原来在大众面前即席演讲，不过就是在自己客厅里和朋友们谈话，唯一的区别就是人比较多些。

大师金言

散乱无章地闲聊，毫无关联地东一件事、西一件事，只能叫即席乱讲。

第十章
如何准备长篇演讲

正如拿破仑那句经典名言:"战争是一门科学的艺术,不经过深思和规划,就别想取得胜利。"演讲也一样,不要指望没有周全的考虑,没有深思熟虑,就取得演讲的成功。

01 周全的准备是必须的

一个头脑清醒的人,不会毫无计划地建造房屋,这是人人都懂的道理。当一个人对演讲毫无准备甚至不清楚自己要谈什么主题的时候,为什么还要接受邀请呢?

一场演讲就像已经确定了目的地的旅行,也要按照路线安排,朝着目的地前进。没有规划,散漫的演讲,也就没有目标,最终将结束于散漫之中。

如果可以,我真希望在全世界所有教授学生演讲的教室前,刻上大大而鲜红醒目的一英尺高的一句话,那句话是拿破仑的经典名言:"战争是一门科学的艺术,不经过深思和规划,就别想取得胜利。"

不知有多少演讲者明白这句名言同样适用于演讲,也不知有几人明白后能够意识到,如果照此去做,结果会怎样?他们不知道,毕竟,大部分演讲者花在准备演讲的时间,还没有烹制一碗爱尔兰炖菜的时间多。

尤其是一些初涉演讲领域的新人,尚未意识到应该预先考虑周全,而

第十章
如何准备长篇演讲

一心信奉灵感，经过挫折才会明白："一条错误的小路，前面满是泥泞和深坑。"

爱迪生在办公室墙上钉了一段话："用心思考才可获得成功，没有任何捷径可走。"英国报业大亨努斯克里夫爵士，年轻时不过是一个薪水少得可怜的小职员，他回忆说，对自己成功影响最大的是法国哲学家巴斯格的一句话："想要超越他人，必须超前计划。"

你可以把这句话当作你的座右铭。这会提醒你预先准备你的演讲——怎样让听众在脑海里记住你的每一句话；如何让听众对你的观点坚信不疑。

这对每位演讲者而言，都是一个要反复面对的问题。我们也不能为你制定出一套具体的操作规范，我们可以提供的协助，就是为你指出，准备长篇演讲时要特别重视3个方面：吸引注意力的开场、论述部分、结论。

大师金言

想要超越他人，必须超前计划。

02 有吸引力的开场白

曾担任西北大学校长的演讲家林·哈洛德·胡，认为在演讲中最重要的是："开场白应该引人注意，一下能抓住听众的心。"他总是精心准备开场白和结尾。只要是有丰富经验的演讲者几乎都那么做，不论是韦伯斯特、格雷斯东，就连林肯也不例外。

当美国与德国的潜艇战出现新问题时，威尔逊总统在国会发表演讲。他的开场白不过20多个字，却立即引起了全场人的注意："鉴于目前外交关系出现的新变化，我想我有义务向诸位说出实情。"

斯兹维博在纽约费城协会作演讲时，他的第二句话就表明了演讲重点："如今，最受美国人关注的是：现在社会经济为何持续低迷？未来会怎样……"

演讲者怎样从一开始就抓住听众的注意力，这里有一些经验之谈，只要你善加运用，就会有非常吸引人的开场白。

第十章
如何准备长篇演讲

1. 以小故事开场。

听众喜欢听故事,在例证某个观点时,长篇的理论叙述令他们心生厌倦,一个有趣的故事却能令他们对此论点记忆深刻。你不妨在开场就说个小故事。我曾经这样做过,可是很多演讲者对这个法子不以为然。在他们心目中,必须先发表一些议论,再举出事件作为例证。

著名的社论家、演说家、电影制片人罗维尔·汤姆斯做过一次名为《阿拉伯的劳伦斯》的演讲,他的开场白是这样的:

有一天,我正走在耶路撒冷的大街上,突然看到一位穿着东方君王的服饰的男子,身上佩戴的是一把黄金打造的弯刀,那种刀只传给先知穆罕默德的后人……

他以叙述自己经历的故事开始他的演讲。这样的开场白通常会引发听众的好奇心,他们想知道后来发生了什么事情,因此会一直专注地听下去。我知道,再没有比用这个讲故事的办法开场更能让听众对演讲充满渴望了。

一个曾经作过多次演讲的主题，这一次我是这样开始演讲的：

就在我大学刚毕业的时候，来到了南达科他州。一天晚上，我走在街上，看到一群人围着一个站在木箱上说话的人。我觉得很好奇，就挤进人群中。听到这个人正在说：你知道吗？你从来也没见过秃顶的印第安人吧？也没有见过秃顶的女人吧？你不觉得奇怪吗？现在，让我告诉你这究竟是为什么……

这里没有停顿，也没有"预垫"的句子，就这么直接地进入事件，这么轻易地把听众带到事件中去了。

演讲者以自己亲身体验的故事作开场白是安全的，不必字斟句酌，不必想来想去，这经验属于他自己，是他生命的一部分，结果怎样呢？因为是自然地从嘴里讲述出来，听众也会被你平和的神态感染，从而变得友善、温和。

2.设置悬念。

鲍威尔·西里先生在费城运动俱乐部的演讲，是这样开始的：

就在82年前的这个季节，有一本只讲了一个故事的书在伦敦出版了，人们把它叫做"世界上最伟大的小薄书"。那时候，朋友彼此见面打招呼就会问："你看过了吗？"得到的总是千篇一律的回答："上帝保佑！我已经看过了。"

出版的那天，它就被卖出了1000本，两周以后，这个数字变成了15000本。以后，不但无数次再版重印，还被翻译成多国文字出版发行。就在几年前，J.P.摩根以惊人的高价买到此书的原稿，现在被存放在他

第十章
如何准备长篇演讲

的艺术馆中,和那些稀世珍品并排放在一起。这本传世之书到底是什么书呢?是……

你感兴趣吗?你渴望知道得更多吗?演讲者是不是很好地捕获了听众的注意力?你感觉到演讲已经开始吸引你的注意了吗?你是不是随着演讲者情节的推进而兴趣高涨呢?为什么?因为它引起你的好奇心并用悬而未决的气氛抓住了你。

好奇!谁不对它敏感?

或许你会!你不禁会问,这书的作者是谁?书上都叙述了些什么内容?为了满足你的好奇心,这是答案,作者是查尔斯·狄更斯,书名是《一支圣诞颂歌》。

当我走进树林,小鸟会在我不远处飞来飞去,因为它们对我感到好奇。我听说,在阿尔卑斯山有一位猎人,他用一卷布将自己裹起来,然后在山里爬来爬去。羚羊看到了,觉得很好奇,全都跑上前来看,他就可以轻易获取猎物。猫、狗也都有强烈的好奇心,所有的动物包括和人类最接近的灵长类也是如此。

只要你能在开场白引发听众的好奇心,他们就会对你的演讲一直关注下去。

一位学员的开场白非常另类:"诸位,你们是否了解,现今这个时代,还有17个国家实行奴隶制度?"听闻此言,听众不光好奇心大作,还吓了一跳。"奴隶制度?现今?还有17个国家?天啊,这都是真的吗?究竟是哪些国家?"

你也可以先说出事实,让听众急切地想知道是什么造成了这样的事实。有一位学员是这样开头的:"前不久,有位议员要求议会制定一项法规,严禁学校周围2英里以内的蝌蚪变成青蛙。"

听了这句话,你一定会忍不住笑出声来,并且认为他纯属说笑,怎么会有这样的事情呢?接着,演讲者不慌不忙继续讲了起来。

我曾经作过名为《怎样不再忧虑地生活》的演讲。我是这样开场的:

那是1981年,有一位名叫威廉·奥斯勒的年轻人,他在一个美丽的春日,拣到了一本书,读到了21个字,影响了他的一生,后来,他成了举世闻名的医生。

说到这里,所有的听众都迫切地想知道:这21个字说的是什么?为什么影响了他的一生呢?

3. 举出惊人的事例。

一本知名杂志的创办者迈克鲁说过:"一篇好文章,应该令人不断感到惊奇。"当你惊奇的时候,你的注意力也全部集中于此。演讲也是如此,来自巴尔的摩的帕兰汀在名为《奇妙的广播》演讲中,一开始就这样说:"诸位是否知道,纽约一只小苍蝇在玻璃上漫步的细微声音,可以通过无线电广播传递到非洲,并且转变为尼亚加拉大瀑布那样惊人的巨响?"

保罗·基蓬斯是费城乐观者俱乐部的前任会长,他曾经做过一次名为《罪恶》的演讲,他的开场白令所有听众震惊不已:"美国是犯罪最严重的国家,这么说,实在让人感到痛心,可这却是不争的事实。发生在俄亥俄州克利夫兰的谋杀案是伦敦的6倍,如果考虑到人口比例的话,那里抢劫犯的人数足足是伦敦的170倍。苏格兰和英格兰以及威尔士三地曾被抢劫或抢劫未遂的人全加在一起还没有克利夫兰被抢的人数多。在圣路易市

第十章
如何准备长篇演讲

每年被杀的人也远超过英格兰和威尔士相同案件的总和。发生在纽约市的谋杀案也比法国、德国、意大利还有英国要多。但更令人震惊的是,大部分的罪犯仍然逍遥法外。打个比方说吧,你杀了一个人,但你因此被判死罪的几率还不到百分之一。我相信,诸位都是遵纪守法的好公民,但你们是否想过,你死于癌症的几率竟然是杀人被判死刑的10倍之多。"

基蓬斯言辞恳切,态度真诚热烈,这无疑是一次成功的演讲。虽然我也听过别人用相似的关于犯罪的开场白,但他们只注重了语言的技巧,却丝毫没有倾注自己的热诚,大大破坏和降低了开场白的"魔力"。

克利福德. R. 亚当斯曾是宾夕法尼亚州立学院的结婚咨询服务处的主管,他在《读者文摘》上发表过一篇文章,名为《怎样挑选配偶》,文章以让人震惊的故事展开叙述——这些故事会让你呼吸急促,当然就会立刻吸引你的注意:

今天的年轻人,能在婚姻中感到快乐的机会真是少之又少。离婚率反而在以让我们瞠目的速度不断上涨。在1940年,五六桩婚姻中只有一桩会破裂。到1946年,预计将上升到四比一的比例,如果照这种趋势发展,到50年代,这种比例可能会上升到二比一。

还有另外两个例子,也是以"震惊的故事"展开叙述:

战争部门预测,在一次原子战争的第一个夜晚,大约有2000万个美国人被杀死。

几年以前,斯克利普斯·霍华德报纸花176 000美元做了一次调查,目的是了解顾客对零售店有什么不喜欢的地方。这是迄今为止，对零售问题做的最昂贵、最科学、最彻底的一次调查。调查表被送到16个不同的城市，54 047个家庭。其中的一个问题是："你对这个镇上的零售店有什么不满意的地方？"

将近2/5的答案是相同的："店员没礼貌！"

这种震惊声明的方法使演讲者在演讲一开始就跟听众有效地建立了联系，让听众为之"心灵震撼"，以这样的方式演讲，从头到尾出人意料地抓住了听众的心。

还有许多用惊人的话语作为开场白的演讲，这种技巧所追求的效果就是让听众在一瞬间被震撼，从而对演讲产生强烈求索的欲望。

有一位学员名叫梅格·希尔，她一开口，就令人大感好奇："我曾经当了足足10年的囚犯，不是在人们平常所说的监狱里，而是用自己的自卑、怯懦、忧虑铸成的囚笼。"

当你使用这种技巧时，要注意尺度，切不可玩过头。我就见过一位先生竟然对天空开了一枪作为开场，这么夸张的做法的确让听众把注意力都放到了他身上，不过，估计听众的耳朵也都被震得嗡嗡叫了。

开场白固然要引人注意，但仍需保持亲切谈话的风格。这里提供一个简便易行的方法，你可以在和好友进餐时，对他试讲一次，如果他觉得你和平时说话大不一样，那你就要重新考虑你的语气和态度了。

可是在大多数演讲中，开场白都是平淡无奇，毫无新意。我曾经听过一次演讲："永远相信上帝，并且不要怀疑自己的能力……"清水一样平淡，还带着浓浓的说教意味。再听下去，演讲的生命力逐渐显现出来："1918年，我母亲成了寡妇，她口袋里没有一毛钱，却要拉扯3个年幼的孩子……"这么吸引人的故事，演讲者为何不一开始就这么说呢？

第十章
如何准备长篇演讲

不要将时间浪费在啰唆的开场上,直接将听众带入你的事例中去。

弗兰克·比耶就是这么做的,他是《我是怎样在销售业取得巨大成功的》一书的作者,是一位擅长用开场白制造悬念的演讲家。我和他曾经一起在全美各地作关于销售的巡回演讲,因此对他的演讲风格非常了解。他以"热诚"为主题的演讲尤其令我钦佩,他从不说教,也从不喊口号,更不大谈理论。他总是一张嘴,就直接进入主题:"我刚刚当上职业棒球手不久,就遇到了一件影响我一生的事情。"

这样的开场引起听众怎样的反应?同在现场的我立刻就注意到听众们的反应——人人都露出好奇的神情,都想知道究竟发生了什么事情?他是怎么做的?

人们最喜欢听到演讲者讲述自己亲身体验的经历。罗素·坎维尔著名的6000场演讲——《遍地黄金》,令他将百万美元收入囊中。他又是怎样开场的呢?"1870年,我们前往底格里斯河流域游览。抵达巴格达时,我们雇用了一位导游,请他带我们参观波斯波利斯、尼尼微、巴比伦等名胜古迹。"

这就是他的开场白——一段故事。这是最能吸引读者注意力的方式。

这种开场白几乎万无一失，很少失败。它促使你同他一起向前迈进，我们作为听众则紧随其后，想要知道即将发生什么事情。

在某一期的《星期六晚邮》中，有两篇作品以故事作为开头，兹摘录如下：

一把左轮手枪发出的尖锐枪声，划破了死寂……

在7月的第一个星期，丹佛市的山景旅馆发生了一件事。就这件事的本身来说，只是小事一桩，但从它可能造成的后果来看，事情可不算太小。这件事引起旅馆经理格贝尔的强烈好奇，因此他把此事告诉了山景旅馆的老板史蒂夫·法拉雷。几天后，法拉雷先生前往他属下的几家旅馆进行视察时，又把这件事告诉另外六家旅馆的人员。

请注意，这两段开场白都有行动。它们一开始就产生了效果，引起你的好奇心。你希望念下去；你想要知道更多的内容；你想要发掘出这两篇作品究竟想说些什么。

只要能运用这种说故事的技巧来引起听众的好奇心，即使是缺乏经验的生手，也能成功地制造出一个很好的开场白。

4. 要求听众举手回答。

请听众举手回答问题也是一个非常不错的方法，这可以引发他们的兴趣和注意力。举例来说，在谈"如何避免疲劳"时，我就曾以这个问题来开头：

大家把手举起来，我们来数一数在座的各位，有多少人在觉得自己该疲倦前就早早先疲倦了？

第十章
如何准备长篇演讲

记住这一点：在请听众举手前，应先给听众一点暗示，告诉他们你将要这么做。不要劈头就说："这里有多少人认为所得税应该降低？让我们举手瞧瞧。"应该这样说："我要请各位举手回答一个对各位来说十分重要的问题。问题是这样的：'各位有多少人相信货品赠券对消费者有好处？'"这样，听众在作答时会有一定的准备。

恰当地运用请听众举手的技巧，可得到积极的反应，这就是所谓的"听众参与"。当你使用它时，你的演讲就已经不是单方面的事情了，听众早已投身参与其中了。当你问到"在座的各位，有多少人在觉得自己该疲倦前就早早先疲倦了"时，人人就都开始想这个他所喜爱的题目了，他自己，他的痛楚，他的疲倦。他举起手来，可能还四下张望看看还有谁也举手了。他已忘记自己是在听演讲，他笑了，他对邻座的朋友点头，冰冷的气氛也就打破了。而你作为演讲人，也顿时轻松起来，听众也是这样。

5. 答应听众要告诉他们如何获得他们想要的。

还有一个几乎没有失败过的方法可使听众密切注意你的演讲，那就是答应听众告诉他们，如果他们依你的建议而行，就会获得他们想要的。以下是一些例子：

"我要告诉各位如何防止疲倦——我要告诉各位，如何使自己每天多增加一个钟头保持清醒。"

"我要告诉各位如何增加收入。"

"我答应如果各位听我讲10分钟，我一定告诉各位一个让你更受欢迎的方法。"

这种"承诺式"的开场白必定会引起听众的注意，因为它直接触及听众的自我关切。演讲人常常忽略自己的题目与听众的重要兴趣之间存在的相互联系，他们不注重去打开通往听众注意的大门，却总说些没有意思的开场白，啰啰嗦嗦地一个劲儿地讲题目的背景，这就将吸引听众注意力的大门严严实实地关闭了。

我记得几年前我听过的一个演讲，题目本身对听众颇为重要：定期健康检查的必要性。可是，演讲人是如何开始的呢？他是否以巧妙的开场白来增加自己主题的吸引力呢？没有。他一开始就不咸不淡地背上一段延年益寿研究所的历史，一下子就使听众对他和他的题目索然无味了。若依照"担保式"的技巧来组织开场白，效果便会大不一样。看下面这个例子：

你知道自己可以活多久吗？据保险公司的统计，你的平均寿命大概是80岁，与你目前的年龄差2/3。例如，如果你今年是35岁，你目前的年龄差距80岁还有45，那么，你大概还可以活上45的2/3这么多年，也就是说，你最少还可活上30年……这样够了吗？不，不，我们都盼望着自己能多活几年。然而，这些统计数字是根据几百万份调查得出的。那么，我们是否能够突破这项限制呢？当然，只要有正确的预防，我们就可以办得到。我们要做的第一步就是要进行一次彻底的健康检查……

我在一开场就把决定权留给了听众，如果我再向听众详细解释进行定期性健康检查的必要，听众可能就会对为提供这项服务而成立的公司感兴趣了。但是，如果一开始就以一种冷淡的方式谈到这家公司，这是很糟糕的，必败无疑。

再举一个例子：我听过一位学生演讲"保护森林，刻不容缓"，他开头就说："身为美国人，应为我们国家的资源感到骄傲……"然后，他向我们指出，我们正在大量浪费我国的木材。但是，他这段开场白很糟糕，太普通，太含混了。它没有使他的讲题与我们发生任何密切关系。试着想想，听众当中可能正好有一位商人。我们的森林遭到破坏，可能对他的事业造成重大影响。还有一位是银行家，这件事对他也有影响，因为这件事会影响我们的一般性经济景气……那么，为什么不以这种方式作为开场白："我今天所要演讲的题目，将会影响到你的事业，博比先生；还有你的未来，绍尔先生。事实上，从某些方面来看，它还会影响到我们所吃的食品的价格，以及我们所付的房租。它影响到我们大家的收入及生活。"

这样子说，是不是过于夸大了保护森林的重要性？不会的，我认为不会。这样做只不过是服从哈伯德先生所指示的，"把事情说得严重一点，说话的方式要能引人注意。"

6. 使用展示物。

在这个世界上，吸引人们的注意力的最简单的方法也许就是举起某件东西把它展示给人看。几乎所有的人，从土人到傻瓜、摇篮中的婴孩、商

店橱窗中的猴子,以及街道上的小狗,都会情不自禁地去注意这种刺激性的举动。有时候,我们也可以运用这种方法,即便在最严肃的听众面前也能发挥很大的作用。比方说,费城的S. S. 艾利斯先生在我们班的一次演说时,一开始就在拇指和食指间放一枚硬币,将它高高举起。自然地,在场的每一个人都朝他望去。接着,他才问道:"有没有人在人行道上捡到像这样的一枚硬币?这枚硬币不是一枚普通的硬币,它上面写道,凡捡到这种硬币的幸运者,就可在各类房地产开发上获得减免的优待。你只需把这枚硬币交给主办方即可……"艾利斯先生接着开始谴责这种荒唐及不道德的行为。

艾利斯先生的开场白还包含了另一个突出的特点。他一开始就提出一个问题,让听众和演说者一起思考,和他进行合作。注意,《星期六晚邮》杂志上的那篇"论歹徒"的文章,在开头的三个句子中,就包含了两个问题:"歹徒们真的有组织吗?他们又是如何组织的呢?"使用疑问句,真是一种打开你听众的思想,让他们接受你的观点的一种最简单而又最有效的方法。当其他的方法已被证明毫无效果之后,你随时可以采用这个技巧。

7. 以某位著名人物提出的问题作为开场白。

大人物说的话一向能吸引人们的注意力。因此,他们所提出的某个合适的问题,是用来展开演说的最好方式。下面这一段是讨论"商业成就"的一篇文章的开场白,你是否喜欢?

"这个世界只把财富和荣耀同时奖赏给一种东西",阿尔伯特·哈伯德说,"那就是进取精神。什么是进取精神呢?我可以告诉各位:那就是在没有人告诉你应该怎样行事的情况下,就能做出最正确的行动。"

作为开场白,这段话包含了几个突出的特点。第一句话就引起了听众的好奇心；它引导我们向前，以诱使我们想要知道更多的内容。如果演说者在提到"阿尔伯特·哈伯德"这一名字后，技巧性地暂停一下，将会制造出一种悬疑的气氛。我们会忍不住问道："这个世界要把财富及荣耀同时奖赏给谁呢？"赶快告诉我们。我们也许不同意你的说法，但不管如何，还是请你把你的见解告诉我们吧……第二个句子立即把我们引进问题的中心。第三个句子是一个问句，邀请听众们参与讨论，一起思考，并采取一些行动。而听众一向是最喜欢有所行动的。他们喜爱得不得了。第四个句子则说出"进取精神"的定义……在说完这段开场白之后，演说者接着以一段极有趣的极具人情味的故事来说明这种"进取精神"。就这篇讲稿的结构来说，它无疑可以被评为一篇杰作。

8. 看起来很自然的开场白。

你喜欢下面的这段开场白吗？为什么？这是玛莉·理奇蒙在纽约妇女选民联盟的年会上发表的演说，当时美国国会尚未通过禁止早婚的法律。

昨天，火车经过离此地不远的一个城市时，我想起了几年前在那儿发生的一起婚姻事件。由于目前的许多婚姻也像这个婚姻那般草率与不幸，因此我今天打算先详细叙述这个例子的所有细节。

12月12日那天，那个城市的一名15岁的高中少女，初次遇见了附近一所学院的一个三年级男生。这位男生刚刚达到法定结婚年龄。12月15日，也就是距他们相识才3天，他们领取了结婚证书。他们发誓说那名女孩子已经18岁，因此无需征得父母的同意。这对小情侣取得证书后，离开市政府，立即向一位神父请求证婚（那女孩子是天主教徒），但神父理所当然地拒绝了替他们证婚。后来，通过某种方式，可能是由这位神父透露的，少女的母亲得知了这个企图结婚的消息。但是，在她找回她的女儿之前，这对小情侣已经找到地方上的一名保安官员替他们证了婚。然后，新郎带着他的新娘住在了一家旅馆，在那里住了两天两夜。第三天，新郎弃新娘而去，此后一直未与她团聚。

  我个人十分喜欢这段开场白。第一个句子就相当好，它预先暗示了一段令人感兴趣的回忆。我们希望知道这件往事的细节。我们安安心心地坐下来，想要听一段极有趣味的故事。除此之外，这段开场白还显得十分自然。它不像一篇研究报告，也不过于正经严肃，它不会令人觉得演说者对这件事下了很大的心血。"昨天，火车经过距离此地不远的一个城市时，我想起了几年前在那儿发生的一次婚姻事件。"听起来自然，不造作，又有人情味。听起来很像某人正在向另一个人叙述一段很有趣的故事，听众就是喜欢这样子。但在这样做时，很容易陷于太过详细的叙述，使听众察觉你下了一番苦心，但效果反而适得其反。我们所需要的是，令你看不出艺术痕迹的艺术。

  前述所有方法均可视情况而随心运用，或者分开，或者并用。你要了解，如何展开讲演密切关联着听众是否愿意接纳你和你的信息。

大师金言

  演讲中最重要的是开场白应该引人注意，一下能抓住听众的心。有经验的演讲家总是精心准备开场白和结尾，何况我们还只是刚刚开始学习演讲。

03 避免受到
　　不利的注意

我提醒你，千万千万要记住，你不仅要抓住听众的注意，而且一定要让他们抓住对你有利的注意。请留意我说的是"有利的"注意。有理性的人决不会一开口就侮辱听众，或说些让人憎恶、讨厌的言语，让听众群起反对他，驳斥他的言论。然而，演讲人却常常会以下面两种方式来吸引听众的注意，这样做是十分不明智的。

1. 不要以道歉开头。

不要以道歉开始一次演讲。如果你事先没做准备，聪明的听众很快就会发现，实在不用你加以提醒。其他的人或许不会发现，你又何必唤起他们的注意力呢？不，我们不愿听到这样的道歉。因为你这样说就等于在暗示，你认为他们不值得你为他们作准备，你在侮辱你的观众，而且仅仅你在火炉边听到的东西就能满足他们吗？不，我们不想要听道歉，我们聚在这里想要听到的是感兴趣的新消息。

记住，你要在第一个句子中就说出某些吸引听众兴趣的话。不是第二个句子,更不是第三句,是第一句!

2. 避免以所谓的幽默故事开头。

为了某些可悲的理由,初学演讲的人经常觉得自己必须以一个好笑的故事"照亮"他的演讲。然而,当他起来演讲时,他却幻想着马克·吐温的精神正降临在他身上。所以他很可能就以一个幽默的故事来开头,特别是在吃过晚餐后的场合里。结果会造成什么情况呢?大概有20比1的机会,他的故事,他这种临时改变的态度,会造成字典一样沉闷的气氛。他的笑话很可能不会"生效"。以哈姆雷特的不朽名言来说,正好证明了这种笑话是"不新鲜的,老套的,平淡而且毫无益处的"。

如果一个演艺人员在一群花钱入场的观众面前这样失败过几次,他们必将大叫:"把他轰下台去!"也许一般听众都是很有同情心的,因此,出于纯粹的慈悲心肠,他们通常都会尽量发出笑声,但同时,在他们的内心深处,却为这个准幽默演讲者的失败深表怜悯。他们本身也觉得很不舒服。你不是也经常亲眼目睹这种糟糕透顶的事情吗?

在发表演讲的这个极为困难的领域里,还有什么比引起听众发笑更为

第十章
如何准备长篇演讲

困难,更为难得的能力呢?幽默是一种"一触即发"的事,跟个人的个性与特点有很大的关系。

记住,故事的本身很少是有任何趣味的,反倒是说故事者的叙述方式使听众对它产生兴趣。100个人当中,有99个在述说马克·吐温据以成名的相同故事时,会失败得极惨。林肯当年在伊利诺伊州第八司法区的酒店说了很多故事,人们往往赶了几里远的路去听。人们整晚聆听他的故事,丝毫不觉疲倦。同时,据在场目睹当时情形的一些听众说,他的故事有时候令当地民众兴奋得"高声大叫,从椅子上跳下来"。你可以向你的家人大声朗读这些故事,看看你是否能令他们脸上浮现出笑容来?

这儿有一个林肯常说的故事,他每次说出之后,总能成功地令听众哈哈大笑。你何不试试看?但是,请你私下试试看——不要在听众面前尝试:

有位迟归的旅人,走在伊利诺伊草原的泥泞路上,急着要赶回家去,却不幸遇上了暴风雨。夜色漆黑如墨;倾盆大雨下得有如天堂的水坝泄洪;雷声怒吼,有如炸弹爆炸。闪电击倒了好几棵大树,雷声震耳欲聋。最后,在传来一阵这位可怜的旅客一生中从未听见过的可怕的雷声之后,他立即跪倒在地。他的祈祷词和平常大不相同,他喘着气说:"哦,上帝,如果对你来说没有什么差别的话,请你多给我一点闪光,少给我一点雷声吧!"

你也许是那种具有难能可贵的幽默感的幸运儿。如果是这样的话,你一定要全力培养它。不管你到哪儿演讲,必将因此大受欢迎,但如果你的才能是在其他方面,你就不应该故作幽默状。

如果你仔细研究过林肯等人的演讲，你会意外地发现，他们很少在演讲中加入幽默笑话，尤其是在开场白里。著名演讲家卡特尔向我表示，他从来不会单纯地为了表示幽默而说出好笑的故事。著名演讲家所说的幽默小故事，一定有所启示，有其观点。幽默应该只是蛋糕表面的糖霜，只是蛋糕层与层之间的巧克力，而不是蛋糕本身。美国当代最伟大的幽默演讲家古里兰有个规矩："绝不在演讲的最初3分钟内说笑话。"既然他已经证实这个规矩十分有效，我是不会反对的。

开场白不需要一开始就十分庄重而且极度严肃，一点也不需要。如果你有能力的话，也可以说点小笑话让听众笑一笑。你可以谈谈与演讲场合有关的事，或是就其他演讲者的观点讲几句话，把一些不对劲的地方夸张一下。这种笑话，比一般有关丈母娘或山羊的陈腐烂调更加有效。

也许，制造欢迎气氛最简单的最有效的方法，就是拿自己说事。叙述你自己遭遇的一些荒谬而尴尬的情景，这正是幽默的真正本质。

杰克·班尼使用这种技巧已有多年。他是广播上最早"作弄"自己的重要笑星之一。杰克·班尼把自己当笑柄，取笑自己的小提琴技艺，自己的小气和自己的年纪。杰克·班尼内容丰富的幽默，使收听率年年居高不下。

对于竭尽巧思，不骄矜自负，而能幽默风趣，不讳言自己的缺陷与失败的讲演人，听众自然会把心扉打开的。另一方面，制造"吹牛皮"的形象，或无所不知的专家模样，则陡然造成听众的冷漠与排斥。

几乎任何人都可以把不相关的事情牵扯在一起，令听众哈哈大笑，例如，一位报纸的专栏作家说，他最痛恨"小孩子、牛肚和民主党人"。

著名作家吉卜林龄在向英国一个政治团体发表演讲时，在开场白中说了一个笑话，引起全场捧腹大笑。我现在把这段开场白引述在下面，大家

第十章
如何准备长篇演讲

可以看看他是如何聪明地引人发笑的。

主席，各位女士、先生们：

　　我年轻时，曾在印度当记者，专门替一家报社报道犯罪新闻。这是很有趣的一项工作，因为它使我认识了一些骗子。（听众大笑）有时候，我在报道了他们被审的经过后，会去监狱看看这些正在服刑中的老朋友。（听众大笑）我记得有一个人，因为谋杀而被判无期徒刑。他是位聪明、说话温和有条理的家伙，他自称把他的"生活教训"告诉我。他说："以我做个例子：一个人一旦做了不诚实的事，就难以自拔，一件接一件不诚实的事一直做下去。直到最后，他会发现，他必须把某人除掉，才能使自己恢复正直。"（听众大笑）哈，目前的内阁正是这种情况。（听众大笑及欢呼）

他叙述的并不是一些陈旧的轶闻往事,而是他自身的一些经验,并且玩笑似的强调其中不对劲儿的地方,这样就获得了令人欣喜的效果。

塔夫脱总统也运用这种方式,在大都会人寿保险公司的年度主管酒会上制造了不少的笑料。最令人叫绝的是,他不但令大家捧腹大笑,也同时将他的听众大大赞扬了一番:

总裁先生及大都会保险公司的各位先生们:

大约9个月前,我回到我的老家度假。我在那儿听了一场由一位先生在会餐后发表的演说。这位先生说,他对于发表这种演说感到有点惶恐。于是去向一位朋友请教,因为这位朋友对于在会餐后发表演说有极为丰富的经验。这位朋友向他建议说,对一个在会餐后发表演说的演说者来说,最好的听众就是那些智慧很高、受过良好教育但已经喝得半醉的听众。(笑声与掌声)现在,我所能说的是,我眼前的这批听众,是我所见过的最好的一批听众。这位演说者所提到的这类听众,就坐在咱们这儿呢!(掌声)我还必须指出,这正是大都会人寿保险公司的精神!(掌声历久不停)

大师金言

用道歉开始一次演讲,会使你一开始就陷入不利的境地。如果缺少事先准备,或者缺少这种能力,不如等着准备好了再做。

04 支持主要观点

以说服、激励为目的的长篇演讲，重点要尽量少而精，并且要用翔实的事例来支持观点。在第七章，我们已经讨论过阐述演讲要点的方式，那就是借由小故事或者你的亲身经历以作说明，让听众形象地感知你想要他们做什么。因为人们心里都有一种偏爱，就是"每个人都喜欢听故事"。这是你生活的经验，也是演讲爱好者最喜欢的论说方式，但这并非唯一的形式。为了取得更佳效果，你还可以运用统计数字、科学图表、专家的言论，或类比、展示及证明等方式。

1. 使用统计数字。

统计数字是一种比较确定的方法，它能令听众印象深刻，尤其会产生很强的说服力，因为它是统计计算得出的结果，所以能起到真实证据的效果，这是故事所不能达到的效果。例如：经过全国精确的统计数字表明，沙克预防小儿麻痹疫苗是非常有效的，偶尔也会有孩子对其不适应。但是家长们并不能因为这一起例外而认为沙克疫苗不能达到预防的作用。

不过,你必须注意,因为统计数字本身很枯燥,你必须谨慎应用,并且使用生动的语言作说明,使数字变得鲜活起来。

下面这个例子,就是我们日常发生的事情,用统计数字来对比,一下就加深了听众的印象。演讲者意在讲述纽约人不愿意及时接听电话,这种懒惰造成了时间的大量浪费。他用如下数字来论证自己的观点:

每100次电话里,至少有7次,在有人接听时已经超过了一分钟的时间。累积起来,被耽搁的时间每天就多达280 000分钟。如果我们按6个月

第十章
如何准备长篇演讲

来计算，整个纽约为此浪费的时间，已经能够等同于哥伦布发现新大陆后一直到今天人们工作时间的总和。

人们不会对数字本身有深刻印象，所以你必须用事例与数字结合，最好是出自亲身体会的事例。我曾经在导游的带领下参观过一个大水库的发电房，他完全可以将房间的大小数字背给我们听，但是他的说法却令人难以忘怀，他告诉我们，这个房间之大，足以容纳1万人在标准的球场上看足球比赛。周边还有空地可同时划分为若干个网球场地。

多年前，在布鲁克林中区青年基督协会的一次培训班上，有位学员在演讲中提到一年前一场火灾中烧毁了多少房屋。他接着指出，要是把这些房屋排列在一条线上，那足以让纽约到芝加哥一路都是惨不忍睹的建筑物；如果再将葬身火海的人每半英里地安置一位，就可以从芝加哥排回到布鲁克林的门前。

我早已忘记了他当时举出的数字，但是这么多年过去了，我还是能够心有戚戚地想起那一排一直从曼哈顿岛燃烧到伊利诺伊州库克县的建筑物。

2. 引用专家言论。

专家的言论也对听众具有一定的说服力，但是在你借用之前，请先确保下述问题：

这段言论是否确实出自专家之口？

是否确实属于这位专家的专业范畴？如果你将乔·路易的言论用于阐述经济学理论，很明显，你不是看重他的专业水准，而是在借助他的大名。

听众是否熟悉并尊敬这位专家？

这段言论确属专家的科学评断，而不是出自他的个人偏好而随意说出。

我曾在布鲁克林商会开办培训班，班上有一位学员，在演讲"专业化的必要性"时，开场白引用了安德鲁·卡内基的言论。这的确是很聪明的做法，因为他引用的言论真实无误，而且是一位已经取得事业成功并受人尊重的人所说。直到今天，他所引用的那段言论仍然值得我们学习：

我坚信无论任何一个行业，取得成功的主要因素，在于你是否能成为那一行业的专家。

依据我的经验，我不赞成一个人同时涉足多个领域，即便他的聪明才智异于常人，但也鲜见同时多方面发展，最后名利双收的人，至少在制造行业，我可以很肯定地说，尚无此先例。往往选定一个行业，执著地为之奋斗终生的人才会最终取得成功。

3. 类比之法。

据韦氏大词典的解释，类比是指"两种事物相近之处的联系……并非事物本身的相近，而是两种或两种以上特性、形式及作用的相近之处"。

类比是一种非常有效的支持论点的方式。下面是C. 杰莱德·戴维森在担任内政部助理秘书时，作的关于《我们需要更多电力资源》演讲中的一段，极为和谐地运用了类比法：

繁荣的经济如果不能向前发展，就会陷入一片混乱之中。这就如同飞

第十章
如何准备长篇演讲

机停在地面上时，不过就是一些螺丝和螺母，但当它飞上天空时，却展现了非凡的活力，为了不坠落下来，它就必须保持高速前进的状态。

林肯也曾经运用此法来回答攻击自己的人，而且他的那段话堪称是历史上最精彩的类比之语：

诸位，我想请大家想象一下，如果你的全部家财都是黄金，并且你把它们统统交给了著名的高空走索专家帕罗亭，请他走过架在尼亚加拉大瀑布的绳索。在他小心翼翼前行的时候，难道你会摇晃着绳索，还对他不断地大喊："重心再压低一点，帕罗亭，走快一点！"我相信，你绝对不会这样去做。你一定会站到一旁，凝神静气地默默注视着，直到他有惊无险地走完全程。目前，政府所处的情形也与此类似，它正身负重物穿越惊涛骇浪，它将尽一切力量保护所有的珍宝。此时，请你保持安静，不要去扰乱它的步伐，它一定会安然达到目标。

4. 使用展示物。

钢铁锅炉公司的销售主管为了向经销商说明，一定要从锅炉的下端而不是上部添加燃料，他们琢磨出来一个简单明了的展示方法。主讲人点着一支蜡烛，然后讲解道：

请诸位看一看，蜡烛的火苗蹿得很高，而且没有冒烟，这是因为燃料被充分转化成了热能。

就像蜡烛的燃料由下部供应，锅炉也是从下端加入燃料。

现在，我们假设蜡烛的燃料是由上部供应，就像传统的煤炉那样。（主讲人边说边将蜡烛大头朝下）

请注意看，火苗的颜色变红了，还发出噼里啪啦的声音，是不是闻到了烟的味道？瞧！火光越来越弱，最后熄灭了。这是因为来自上部的燃料不能充分燃烧所导致的。

几年前，亨利·摩登·罗宾为《你的生活》杂志写过一篇文章，叫做《律师怎样打赢官司》，讲述了一位保险公司律师亚博·乌姆，在处理一起伤害索赔案时，巧妙地运用了展示之法，取得胜诉。

原告勃士特威先生提起诉讼，说自己在电梯通道摔倒，右肩受了重伤，现在都不能正常举起右手臂。乌姆律师关心地问勃士特威先生："请你给陪审团示意一下，你的手臂现在可以举多高？"勃士特威迟疑地把手臂举到与耳朵齐高。乌姆又真诚地问道："再让我们看看，你在受伤前，手臂可以举多高？"勃士特威腾地一下手臂举过肩膀，高高地伸直了："原来这么高。"

这番展示对陪审团做出决议的影响有多直接，已无需我再说明了。

以说服或激励为目标的演讲，一般最多3到4个讲述重点，只单纯地说

第十章
如何准备长篇演讲

这些,大概还用不了一分钟,而且听众会觉得单调无趣。为了让要点变得形象生动、易于理解,你就要充分使用论据来阐述。

大师金言

运用事例、类比、展示的方法,能突出演讲主题;运用统计数字和专业言论,能加深听众对主题重要性的认识,以及对要点的认可。

第十一章
结尾一定要迎来高潮

  结尾是一场演说中最具战略性的部分。当一个演说者退席后,他最后所说的几句话,将仍在听众耳边回响,这些话将在听众心目中保持最长久的记忆,他就是一位成功的演讲家。

01 总结
   你的观点

即使在只有5分钟的简短谈话中，一般的演说者也会不知不觉地使谈话范围涵盖得很广泛，以至于在结束时，听众对于他的主要论点究竟是什么仍然感到困惑不已。不过，只有极少数的演说者会注意到这种情况。他们有一种错误的想法，认为这些观点在他们自己的脑海中如同水晶般清楚，因此听众也应该对这些观点同样清楚才对。事实并不尽然。演说者对自己的观点已经思考过相当长的时间了，但他的观点对听众来说，却是全新的。它们就像一串撒向听众的弹珠，有的可能会落在听众身上，但绝大部分则零散地掉在了地上。听众的感觉可能是：记住了一大堆事情，但没有一样能够记得很清楚。

以下是一个很好的例子。演说者是芝加哥一家铁路公司的交通经理：

各位，简而言之，根据我们在自己后院操作这套信号系统的经验，根据我们在东部、西部、北部使用这套机器的经验，它操作简单，效果极

第十一章
结尾一定要迎来高潮

佳,再加上它在一年之内阻止撞车事件发生而节省下的金钱,使我以最急切及最坦白的心情建议:立即在我们的南方分公司采用这套机器吧。

各位看得出他的成功之处吗?你们可以不必听到他演说的其余部分,就可以看到并感觉到那些内容。他只用了几个句子,就把他整个演说的重点全部包括进去了。

你不觉得像这样的总结极为有效吗?如果你也有同感,那么,大可不必吝惜运用这项技巧。

大师金言

在结尾处总结自己的观点,避免使听众记住了一大堆事情,但没有一样能够记得很清楚。

02 请求采取行动

上面引用的那个结尾，也是"请求采取行动"结尾的最好例子。演讲者希望有所行动，在他所服务的铁路公司的南部支线设置一套信号管制系统。他请求公司决策人员采取这项行动，主要原因在于：这套设备能够替公司省钱，也能防止撞车事件的发生。这不是练习性的演讲。这项演讲是向铁路公司的董事会发表，并得到公司答应设置它所要求的这套信号设备。

在获得行动的讲演中说最后几句话时，要求行动的时间已经来到，因此就要开口要求！要听众去参加捐助、选举、写信、打电话、购买、抵制、从军、调查或任何你想要他们去做的事。不过，也请遵从以下原则：

1.要求他们做明确的事。

别说："请帮助红十字会。"这样太笼统。要说："今晚就寄出入会费一元，给本市史密斯街125号的美国红十字会。"

2.要求听众做能力之内的事情。

别说："让我们投票反对'酒鬼'。"这是办不到的事，眼下我们并

第十一章
结尾一定要迎来高潮

未对"酒鬼"进行投票。不过,却可以请求他们参加戒酒会,或捐助为禁酒奋斗的组织。

3.尽量使听众容易根据请求而行动。

别说:"请写信给你的参议员投票反对这项法案。"99%的听众都不会这么做的,他们并没有这样强烈的兴趣;或者太麻烦;或者他们忘记了。因此,要使听众觉得做起来轻松愉快才行。怎么做?自己写封信给参议员,上写:"我们联名敦请您投票反对第74321号法案。"把信和铅笔在听众之间传递,这样你或许会获得许多人签名——而且恐怕铅笔也不知所终了。

大师金言

在结尾处提出请求,而且要使听众觉得做起来轻松愉快,而不是被迫去做。

03 简洁而真诚的赞扬

伟大的宾夕法尼亚州应该领先加速新时代的来临：宾夕法尼亚是钢铁的大生产者，是世界上最大的铁路公司之母，是美国第三大农业州——宾夕法尼亚是美国的商业中心。她的前途无限，她身为领导者的机会光明无比。

史兹韦伯就是以上面这几句话结束他在纽约宾夕法尼亚州协会的演讲的。他的演讲结束之后，听众感到愉快、高兴，并对前途充满乐观。这是一个令人敬佩的结束方式。这种方式的结尾，如果不能表现得很真诚，反而将会显得虚伪，而且十分虚伪，而且就像假币一样，没有一个人会接受它。

大师金言

真诚的态度是必须的，不可阿谀奉承，不可夸大，不可虚伪。

第十一章
结尾一定要迎来高潮

04 幽默的
　　结尾

在多种多样的演讲结束语中,幽默式可算其中极有情趣的一种。一个演讲者能在结束时赢得笑声,不仅是自己演讲技巧十分成熟的表现,更能给本人和听众双方都留下愉快美好的回忆,也是演讲圆满结束的标志。

乔治·可汗说:"当你说再见的时候,要让他们的脸上带着笑容。"如果你有这份能力,也有这种题材,当然很好,但要怎样才办得到呢?哈姆雷特说:这是一个问题。每个人必须以自己独特的方式来表现。

洛伊德·乔治曾经在美以美教会的聚会上,向教徒们演讲著名的传教士韦斯理(美以美教会的创始人)墓园的维护问题。这个题目极为严肃,大家都想不出有什么好笑的。但是,他还是办到了这一点,而且十分成功。同时,请各位注意,他的演讲结束得平顺而漂亮。

我很高兴各位已经开始整修他的墓园。这个墓应该受到尊重,他特别讨厌任何不整洁及不干净的事物。我想,他说过这句话,"不可让人看到一名衣衫褴褛的美以美教徒。"由于他的原因，所以你们永远不会看到这样的一名美以美教徒。（笑声）如果任由他的墓园脏乱，那是极端不敬的。各位都应该记得，有一次他经过德比夏郡，一名女郎奔到门口，向他叫道："上帝祝福你，韦斯理先生。"他回答说："小姐，如果你的脸孔和围裙更干净一点，你的祝福更有价值。"（笑声）这就是他对不干净的感觉。因此，不要让他的墓园脏乱。万一他偶尔经过，这比任何事情都令他伤心。你们一定要好好照顾这个墓园。这是一个值得纪念的神圣墓园，它是你们的信仰寄托的地方。（欢呼声）

大师金言

只有演讲者具有真正的幽默感，并能在演讲中恰如其分地把握住演讲的气氛和听众的心态，才能使演讲结束语收到"余音绕梁，三日不绝"的最佳效果。

第十一章
结尾一定要迎来高潮

05 以一首名人的
　　 诗句结束

在所有的结尾方法中，最能被听众接受的，那就是幽默或诗句了。事实上，如果你能找到合适的短句或诗句作为你的结尾，那几乎是最理想的了。它将产生最合适的风格与和谐的氛围；将显露出你的独特风格；将产生美。

世界扶轮社社长哈里·劳德爵士在爱西堡年会上向美国扶轮社代表团发表演讲时，就以这种方式结束他的演讲：

各位回国后，你们有些人会寄给我一张明信片。如果你不寄给我，我也会寄一张给你。你们一眼就可以看出那是我寄的，因为上面没有贴邮票。（笑声）但我会在上面写些东西：
　　春去夏来，秋去冬来，
　　万物枯荣都有它的道理。
　　但有一件东西永远如朝露般清新，

那就是我对你永远不变的爱意与感情。

这首短诗很适合哈里·劳德的个性，当然也能配合他演讲时的气氛。因此，这段结尾对他来说，是非常合适的。如果一向严肃而拘谨的扶轮社社员把它应用在一次严肃演讲的结尾，那不仅显得有点突兀，甚至令人觉得有点荒谬。我教演讲的时间越久，越能清楚地感觉到，要想举出能够适应所有场合的一般性规则，几乎是不可能办到的。因为绝大部分情况都要视演讲的题目、时间、地点及演讲者本身而决定。诚如圣保罗所说的："每个人必须自行努力，以求解救自己。"

我以贵宾身份参加欢送纽约市某位专职人员的惜别会，有十几位演讲者分别上台讲话，称赞他们这位即将离开的朋友，祝福他在将来的新工作上获得成功。一共有十几个人上台讲话，但是只有一个人以令人难忘的方式结束他的演讲。他的结尾也是引用一首短诗。这位演讲者转身面向那位就要离开的贵宾，以充满感情的声音对他说道：

再见了，祝你好运。
我祝福你事事顺心如意，
我如东方人一样诚心祝福：
愿我的和平安详永远伴着你。
不管你去到何处，
不管你走向何方，
愿我的美丽的棕榈茁壮成长。
经过白天的辛劳和夜晚的安息，
愿我的爱祝福你。

第十一章
结尾一定要迎来高潮

我如东方人一样诚心祝福：

愿我的和平安详永远伴着你。

布鲁克林LAD汽车公司副总裁亚伯特先生，向他公司员工演讲"忠诚与合作"。他以吉卜林的《第二丛林诗章》中的一首音韵悠扬的短诗，作为他这次演讲的结束：

这就是"丛林法律"——

如蓝天古老而准确；

遵守这项法律的野狼将会繁衍生子，但破坏它的野狼必须死亡。

如同蔓藤般缠在树干上，

这项法律无处不在——

因为团结的力量就是野狼，

而野狼的力量就是团结。

大师金言

以合适的短句或诗句作为你的结尾，将产生意想不到的风格美。

06 意犹未尽的高潮

高潮是很普遍的结束方法。但这很难控制,而且对所有的演讲者以及所有的题目而言,这其实不能算是结尾。如果处理得当,这种方法是相当好的。它逐步向上发展,句子的力量越来越强烈,达到高峰。关于这种以高潮作结尾的方法,各位可以在前面那篇以费城为主题的得奖演讲中找到最好的例子。

林肯在一次有关尼亚加拉大瀑布的演说中,运用了这种方法。请注意,他的每一个比喻都比前一个更为强烈,他把他那个时代拿来分别和哥伦布、基督、摩西、亚当等时代相比较,因而获得一种累积起来的效果:

这使我们回忆起过去。当哥伦布首次发现这个大陆——当基督在十字架上受苦——当摩西领导以色列人通过红海——不,甚至当亚当首次自其造物者手中诞生时;那时候,和现在一样,尼亚加拉瀑布早已在此地怒

第十一章
结尾一定要迎来高潮

吼。已经绝种,但他们的骨头塞满印第安土墩的巨人族,当年也曾以他们的眼睛凝视着尼亚加拉瀑布,正如我们今天一般。尼亚加拉瀑布与人类的远祖同期,但比第一位人类更久远。今天它仍和一万年以前一样声势浩大及新鲜。早已灭绝,而只有从骨头碎片中才能证明它们曾经生存在这个世界上的史前巨象及乳齿象,也曾经看过尼亚加拉瀑布——在这段漫长无比的时间里,这个瀑布从未静止过一分钟,从未干枯,从未冰冻,从未合眼,从未休息。

温代尔·菲利普斯在演说有关海地共和国国父托山·罗勃邱的事迹时,也运用了相同的方法。他那篇演说经常被演说的教科书摘录。我现在将它的结尾引述在下面。它有活力,有生气。虽然在这个事事讲求实际的时代,它已显得有点过于讲求修辞,但这段讲辞仍然令人深感兴趣。这篇演讲稿是在半个世纪以前写好的。"50年后,当事实被人揭露出来时",如果你能注意到,温代尔·菲利普斯对约翰·布朗和托山·罗勃邱在历史上的重要性作了极为错误的判断,这岂不是极为有趣的事吗?很显然的,猜测历史发展的方向,是和预测明年股票市场或石油价格一样的困难。下面就是这篇演讲:

我想称他为拿破仑,但拿破仑是以自毁誓言及杀人无数而建立起他的帝国。这个人却从未自毁承诺。"不报复"是他伟大的座右铭,也是他的生活法则。他在法国对他儿子说的最后几句话是:"孩子,你终有一天要回到圣多明哥,忘掉法国谋杀了你的父亲。"我想称他为克伦威尔,但克伦威尔只是一名军人,他所创立的国家随着他的死亡一起崩溃。我想称他为华盛顿,但华盛顿这位弗吉尼亚的伟大人物也养奴隶。

这个人宁愿冒着丢掉江山的危险，也不允许买卖奴隶的情形出现在他国度内最偏远的村落。

你们今晚大概认为我是一个狂人，因为，各位并不是用眼睛在读历史，而是用你们的偏见。但在50年后，当事实被人揭露出来之后，历史的女神将把福西昂归于希腊，布鲁特斯归于罗马，汉普顿归于英格兰，拉法耶特归于法国，把华盛顿选作我们早期文明的一朵鲜艳及至高无上的花朵，约翰·布朗则是我们这一时代成熟的果实。然后，她把她的笔浸在阳光中，用鲜蓝色在他们所有人的上面写上这位军人、政治家及烈士的姓名——托山·罗勃邱。

要经过不断地寻找、研究、练习，最终才能得到一段精彩的开场白或结束语，接下来，你要把它们完美地结合起来，使首尾呼应。还要学会精简演讲内容，令演讲更符合现代人的需求，不然，只会招致听众的不耐烦甚至反感。

第十一章
结尾一定要迎来高潮

塔瑟斯城的扫罗也曾犯下这样的错误。有一次，他啰里啰唆地讲说教义，耗时太久，以至于许多听众都昏昏欲睡。其中有一个名叫尤泰株斯的年轻人，不仅真的睡着了，还因此一下从坐着的窗台上栽了下去，把脖子摔断了。我见过一位医生在布鲁克林大学俱乐部发表演讲，在他之前，已经有许多人都上台演讲过了，时间过去了很久，轮到他时，已经是凌晨一点钟了。要是他灵活而善解人意，就该简短地说上几句话，好让我们快点回家睡大觉去。可是他没有这样做，反而整整讲了45分钟，这漫长演讲的主题居然是大力反对活体解剖。在他还没讲到一半的时候，听众们就已经坐立不安，恐怕很多人都默默希望，让他像尤泰株斯那样从窗台上摔下来，也摔断某个部位，哪里都可以，只要能让他在此刻闭上嘴巴。

鲁里博担任过《星期六晚邮》的编辑，他告诉我，当连续刊登的一组文章达到最受读者欢迎的程度时，他就会马上停止这个系列。读者会提出抗议，要求再多刊登几期。为什么要在这个时候停发呢？鲁里博解释说："因为，每当达到最受读者欢迎的高峰时刻，也就在此时获得了最大的满足感。"

这是同样适用于演讲的聪明做法。林肯的葛底斯堡演讲极为简短，总共只有10个句子。你通读一遍《圣经·创世纪》中上帝创造世界的故事的时间，还比不上你读报纸上面一篇谋杀案的报道用的时间长。

据说，在非洲一个原始部落里，有这样一条规定：演讲者只能用一条腿站立，等到他坚持不住放下举起的那只脚时，他的演讲也就必须结束了。

通常，听众都比较有涵养，善于控制自己的情绪，但请你记住：事实上，所有的听众都讨厌没完没了的演讲。

重要的是考虑和关注听众对演讲的反应。

我相信你一定会重视这个问题：要以听众的感受为出发点进行演讲。

大师金言

当你的演讲到达高潮，而听众热切地想听你继续说下去时，请你就此打住吧！

第十二章
增强记忆的天然法则

著名的心理学教授卡尔·希休曾说:"因为人们没有掌握正确的记忆法则,因此大部分人只使用了人类实际记忆能力的10%,另外90%都被荒废了。"拥有良好的记忆力,会使你的演讲锦上添花。

01 记忆法则之一：加深印象

1.要有深刻的印象。

爱迪生的电灯工厂曾经同时聘请了27位助理工程师，他们每天都要从工厂去往实验室，唯一的路线就是穿过新泽西州的门罗公园。在他们连续走了6个月之后，爱迪生问他们是否注意到路旁有一棵樱桃树，竟然没有一个人给予肯定的答复。

爱迪生对此感慨万千："他们肉眼所看到的东西，只有不到千分之一引起了他们的注意。这真是令我难以置信，人们的观察能力竟然如此稀缺。"

假如你将两三位朋友介绍给一位普通人，我可以向你保证，用不了两分钟，他就想不起你任何一位朋友的姓名了。因为在你介绍时，他并未认真地观察他们，也没有仔细记下你说的话。他会解释说自己的记性不够好。真正的原因却是他的观察力太过贫乏，只有模糊肤浅的印象。就好像相机无法将浓雾中的景致拍摄下来一样，他也无法将朦胧的印象

第十二章
增强记忆的天然法则

留存脑海。

《纽约世界报》的创办者乔瑟夫·普里兹,要求编辑部所有人员都必须在办公桌醒目的地方写上:正确正确正确。

这可以时刻提醒我们,一定要记下对方正确的姓名,可以请对方重复一遍,问清楚怎样拼写。对方会因为受到你的重视而高兴,而你也会由此产生深刻的印象,能够正确地记住对方的姓名。

2.像林肯那样大声朗读。

因为家境贫寒,林肯幼年时在一所乡村学校读书。教室的窗户没有玻璃,是用作业本的纸张糊上的,木地板也破烂不堪。全班只有一本课本。上课时,老师拿着课本领读,学生们跟着大声念。每天读书声都不断,附近的住户因此把学校称作"大嗓门学校"。

林肯在这所学校养成了一个伴随终生的习惯：他总是把自己想要记住的东西，大声朗读数遍。

他每天早上来到法律事务所的第一件事，就是坐在沙发上，把腿跷在一张椅子上，拿起当天的报纸边看边大声念出来。他的合伙人曾说过："我觉得他过于吵闹，就问他为什么一定要把报纸读出来。他解释说：'边看边大声读出来，我就可以把内容牢记。因为我有双重的接触，一是我看到了我读的内容，二来我听到了朗读的内容。'"

林肯形容自己的好记性："就像一块钢板那样——在上面刻字非常难，可是一经刻上，就再也抹不去了。"他就是通过双重接触的方法来达到这样的效果，你也可以这样去做。

还有更胜一筹的方法，你不仅要听要看你所记忆的事物，还要去摸、去闻，甚至品尝它的味道。

因为人类的视觉感应较强，所以最重要的还是要看，通过眼睛留存的印象可以保持相当长的时间。你或许记不住一个人的名字，但你通常能记住他的长相。眼睛和大脑的神经连接是耳朵的25倍。中国人不是有句俗语，叫做：百闻不如一见，说的就是这个道理。

把你想要记住的人名、号码、演讲大意写下来，先通读几遍。然后闭上眼睛，在脑海中像电影一样回放，每一个词都会清晰地闪现出来。

3.向马克·吐温学习不看笔记演讲。

马克·吐温演讲生涯的最初几年，总离不开笔记和摘要。后来他发现只要运用他的视觉记忆力，就能够把笔记和摘要丢弃不用。他在《洽波杂志》上讲述了转变的过程：

日期是不容易记住的，它们由单调的数字组成，不能引起注意；也不

第十二章
增强记忆的天然法则

能把它们组成图形,也就不能吸引眼睛的注意。图画能让日期很醒目——特别是你亲自设计的图案,这一点我有经验。真的不会错,非常重要的一点是你自己设计出图画。30年前,我每天晚上都要发表演讲,我必须用一张纸条来帮助自己,不至于把自己弄糊涂了。那张纸条上一般会写了一些句子的开头,有11句,大概这样子:

在那个地区,天气——
那时候的习俗是——
但加利福尼亚州人从来没有听过——

一共11句。它们是每一个段落的开头,可以帮助我,不会遗漏任何一段。但他们写在纸上,看起来全都一样。它们不能构成任何图形,我可以记住它们,但一直无法肯定地记住它们的先后顺序,因此,不得不随时拿着那张纸,不时地看上一眼。有一次出了点问题,我不知把它们弄到哪儿去了。你永远想象不出我那大晚上有多么的恐慌。我不得不开始考虑其他的更可靠的方法。于是,我按照先后次序在心中默记了每个句子中的第一个字——在,那,但等等——第二天晚上上台前,我用墨水把这十个字写在我的十个指甲上,但没有用。我只能暂时地记住,但马上就忘了。现在的问题是我无法确定我已经用掉哪根指头,以及下一根指头应该是哪一根,因为我不能在用完那根指头后,就把指甲上的墨水舔掉,这样做虽然对我有帮助,但也会引起听众的好奇。即使我还没有那样做,听众也已经对我产生了好奇。在他们看来,我似乎对我的指甲比对我的演讲更感兴趣。演讲完了,甚至还有一两个人跑过来问我的手是不是有什么毛病。

我突然有了画图的想法。在两分钟内,我用笔画成6张图,取代那11

句提醒句子的工作。一画完，就把那些图画抛在一边，因为我确信，只要我闭上眼睛，随时都可以看到它们浮现在我眼前。于是，我的烦恼全消失了。那已经是25年前的事了，那次演讲随时间的流失慢慢地在我记忆里消失了，但现在我还可以根据那些图画，把它重新写出来——因为那些图画一直清晰地留在我的脑海里。

我也同样使用这样一种方法来帮助自己的记忆。有一次我要发表关于记忆力的演讲，想大量引用本章的材料，于是用图画来记住各项要点，我想像这样一幅情景：罗斯福坐在房间里看历史书籍，而群众在他窗下的街道上大声喊叫，乐队不断演奏着音乐。我看到爱迪生正凝视着一棵樱桃树，林肯正在高声朗读报纸。我想像马克·吐温在观众面前舐着手指甲。你看这一切变得多么的简单。

又怎样来记住这些图画的顺序呢？按照一、二、三、四的顺序？不，这样有点困难。我把这些数字也变成图画，然后把数字的图画和要点的图画联系起来。比如，（one）的声音有点像是跑（run），所以我把一匹奔跑中的马代表一。我想像罗斯福在他的房间里，坐在一匹奔跑的马上看书。（two），我选了一个声音接近的字zoo（动物园）。于是爱迪生的那棵樱桃树就长在动物园关着大熊的铁笼子旁边。（three），不是跟tree（树木）有点相似吗？我想像林肯横躺在树顶上，对着他的伙伴高声朗读。四（four），我想象成——门（door）。马克·吐温站在一扇敞开的大门前，背靠着柱子一面舐着他指甲上的墨水，一面向听众发表演讲。

我很清楚，很多人读到此处一定会认为这种方法几近荒唐。事实上也是如此。尽管如此，但它能发挥功效。道理就在于，荒唐及怪异的事情是相当容易记忆的。就算我以数字的方式中规中矩地记住了我的要点顺序，我可能很快就将它们给忘了。但是如果采用我刚刚描述的方式，要想忘掉

第十二章
增强记忆的天然法则

它几乎也是不可能的。当我想要记起第三点时,我只需问我自己:在树上的是什么。我立刻就看到了林肯。

为了方便起见,我已经把从1到20的数字转变成图画,选择与数字的声音相近的图画。我把它们列举如下。你只要花上半个小时来记忆这些图画数字,就可以随时记住这20种事物。只要你按照它们的正确次序把它们重复说出,你便可以随意说出哪个东西是你记忆中的第8项,哪一个是第14项,哪一个是第3项,等等。

以下就是图解后的数字。试试看,你将会发现这样记忆极为有趣。

1. Run(跑)——想象一匹马在奔跑。
2. Zoo(动物园)——想象动物园中装熊的笼子。

3. Tree（树木）——把所记忆的事物想象成躺在一棵大树上面。

4. Door（门）——或是Wildpig（野猪）。挑选任何声音很像Four（四）的物品或动物。

5. BeeHive（蜂房）。

6. Sick（生病）——想象一位带红十字的护士。

7. Heaven（天堂）——街上铺满黄金，天使在弹奏竖琴。

8. Gate（大门）。

9. Wine（酒）——酒瓶翻倒在桌上，瓶里面的酒流了出来，滴到了桌子下面。在图画中加入动作，这可以加深印象。

10. Den（兽穴）——在丛林深处岩石洞穴中的是野兽的洞穴。

11. 由11个人组成的橄榄球队，正在球场上疯狂冲刺。我想象他们把我想要记忆的第11件事物丢在半空中传来传去。

12. Shelf（架子）——想象某个人正把某样东西放在架子上面。

13. Hurting（受伤）——想象你见到鲜血从一处伤口喷了出来，把第13项东西染红了。

14. Courting（求爱）——一对情侣坐在某样东西上亲热。

15. Lifting（举起）——一个很强壮的男子正把某样东西高举于头顶上。

16. Licking（打架）——一场激烈的斗殴。

17. Fermentation（发酵）——一位家庭主妇正在揉面团，并把第17项物品揉入面团中。

18. Waiting（等待）——一个女人站在林中的一条岔路上，等着某个人。

19. Pining（相思）——一个女人在哭泣，想象她的眼泪滴在你希望

第十二章
增强记忆的天然法则

记忆的第19件物品上。

20. Hornofplenty（丰富之角）——一只山羊里装满鲜花、水果和玉米。

如果你想试一试，先花几分钟时间记住这些数字图画。如果你愿意，甚至可以自己设计图形。比如ten（十），你可以想成是wren（小妞），或是fountainpen（自来水笔），或是hen（母鸡），或是任何发音很像ten（十）的东西。假设你需要记住的第10件东西是风车，可以想象母鸡坐在风车上，或是风车正把墨水抽上来，把自来水笔装满。然后，当你问自己第10项物品是什么东西时，根本不需要想到十，只需问，母鸡坐在什么地方。

你可能认为这没有什么作用，但值得试试看。相信要不了多久，你将会大吃一惊，他们会认为你具有极不寻常的记忆力。这是最有趣的事了。

大师金言

好记性"就像一块钢板那样——在上面刻字非常难，可是一经刻上，就再也抹不去了"。好记性可能是天生的，当然，也可以通过练习获得。

02 记忆法则之二：重复

1.诵读和《圣经》一样长的书。

世界上规模最大的大学之一，是开罗的艾阿发大学。这是一所回教大学，有21000名学生。这所大学的入学考试，要求每位申请入学的学生背诵《可兰经》。《可兰经》的长度和《圣经·新约》差不多，需要三天才能背诵完。

中国的学生，也被称做"学童"，也必须背诵中国的一些宗教和古典书籍。

这些阿拉伯和中国的学生为什么能表现出这样天才似的记忆力呢？

他们采用"重复"的方法，这也是第二条"记忆的自然法则"。

你也可以记住难以计数的资料——只要你经常重复它们，复习你希望记住的知识，并使用它。把新词运用到你的交谈中，呼叫陌生人的名字——如果你想记住他的名字。在交谈中谈论你演讲中的要点。使用过的知识和资料会让你难以忘记。

第十二章
增强记忆的天然法则

2.确实有效的重复方式。

盲目、机械地强记和复习,那是不够的。有效地重复,配合某种固定的思想特点而复习——这才是我们应该使用的方法。例如,艾宾豪斯教授选了许多没有意义的音节给他的学生们背诵,像"deyux""goli",等等。他发现这些学生在三天的时间里,平均重复背诵38次这些怪字,居然可以把它们全部记下来,如果一口气重复读上68遍的话,也同样可以全部记下来……其他的各种心理测验也显示出相同的结果。

这是对记忆力的一项重要发现。这表示,如果一个人坐下来,一再重复一件事,一直把它深印在记忆中为止,他所使用的时间与精力,恰好两倍于在一定间隔的时间分段进行重复而获得相同效果。

这种奇怪的思想行为——如果我们可以这样称呼它的话——可由下面两种因素加以解释:

第一,重复的间隔时间里,我们潜意识地一直忙着制造可靠的联结。詹姆斯教授说:"我们在冬天学会游泳,在夏天也可以学会滑雪。"

第二,分段间隔进行重复时,我们的头脑不致因为连续不断地工作而

疲劳。《天方夜谭》的翻译者理查·波顿爵士能流利地说27种语言。他说他每次练习或研究某种语言绝不会超过15分钟，"因为一超过15分钟，头脑就失去了它的新鲜感。"

在知道这些事实之后，拥有丰富常识的人，不会等到发表演讲的前夕才开始准备。如果他真的等到演讲前夕才动手的话，他的记忆力就只能发挥到应有效率的一半。

心理学研究一再表明，对于我们刚刚学到的新资料，在最初的8小时遗忘的，多过我们在以后36天内所遗忘的内容。这个关于"遗忘"的奇妙比例，是对我们很有帮助的一个发现。

林肯就知道这样行事的价值，并且还一再使用它。当年在盖茨堡，学识渊博的爱德华·艾佛里特被安排在他之前发表演说。当艾佛里特的演讲逐渐到达其冗长的正式献词的尾声时，林肯"很明显地表现出紧张的神情"。当别人在他之前演讲时，他一向如此。他匆匆调正了一下他的眼镜，然后从口袋中取出讲稿，自己先默默地念了一遍，以加强他的记忆力。

大师金言

在你发表演讲之前，把你的资料看一看，把你搜集的事实再想一遍，你的记忆力就会恢复新鲜活力。

第十二章
增强记忆的天然法则

03 记忆法则之三：
　　联想

1.记忆力良好的秘诀。

前两项有关记忆的法则已经谈得很多了。下面要谈的第三项法则——联想——也是记忆力所不可或缺的要素。事实上，它等于是对记忆力本身的解释。詹姆斯教授很明智地指出：

我们的头脑基本上是一架联想的机器……假设我先沉默一会儿，然后以命令的口气说道："记住！回想下去！"你的记忆器官是否会服从这个命令，并能回想起你过去经历过的某种肯定的形象？当然不会。它会当场愣住，茫然不知所措，并且问道："你希望我记住什么事情呀？"简单地说，要使它发生作用需要一点指示。也就是说，如果我说，记住你的出生日期，或是回想你早餐吃了些什么东西，或是想一想音符的顺序，那么，你的记忆器官将会立即产生我所要求的结果：这种提示会将很多可能性集中于特别的一点上。而且如果你进一步去探究这是如何发生的，你立刻就会察觉：这种提示与你回忆起来的事物有某种相近的关联。"我的出生日期"这句话与某个特定的数字、月份与年份有根深蒂固的关联；"今天的早餐"这句话会立刻切断你所有的记忆路径，而只留下一些回忆路径，把你引向咖啡、腌肉与蛋；"音符"这个名词则是do、re、mi、fa、so、1a、si、do的邻居。

事实上，联想的法则左右了我们的一系列思想，而且绝不会受到情感的妨碍。出现在脑海中的任何东西必须要经过引导；在被引导进入脑海之后，它会立即和原来已在脑海中的某项事物联结在一起。不论是你所回忆的，或是所想的，都是相同的道理……经受过教育的记忆力，还须依赖有组织的联结系统发挥作用；而其精华则仰赖它们的两项特点：第一，联结的持久性；第二，它们的数字……因此，"良好记忆力的秘诀"就是和我们所欲记忆的各项事实，达成变化多端的联结。但是，除了尽量多想到这项事实之外，这种和事实组成的联结又是什么呢？简单来说，在两个有着相同外在经验的人当中，那个对他的经验想得最多，并把它们彼此编织成最有系统关系的人，将是拥有最佳记忆力的人。

2.如何把你的事实联想在一起。

好极了，但是我们又如何着手把事实编织成一种最有系统的关系呢？答案是这样的：找出它们的意思，对它们进行仔细思考。例如，只要你能对任何新的事实提出质问及回答下面这些问题，将可协助你把这项新的事实与其他事实编织成一种有系统的关系：

为什么会这样？

是怎么造成这样子的？

是什么时候变成这样子的？

第十二章
增强记忆的天然法则

是在什么地方造成这样子的？

是谁这样说的？

例如，如果我们所要记忆的是一个陌生人的名字，而且那是一个很普通的名字，我们也许可以把它和某一位名字相同的朋友联想在一起。从另一方面来说，如果我们要记忆的是一个很罕见的名字，我们也可以借机提出疑问。这通常会促使这位陌生人谈起他自己的姓名。例如：我在撰写本章时，有人介绍我和一位索特太太认识。我请她告诉我这个姓氏应该怎么写，并表示她的这个姓很罕见。她回答说："是的，这个姓很少见，这是个希腊字，意思是'救世主'。"然后，她告诉我，她先生的族人来自雅典，而且有很多亲戚曾在希腊政府担任高级官员。我发现，要让人们谈起他们的姓名很容易，而这样做能为我把他们的姓名记住提供很大的帮助。

注意观察陌生人的外表，注意他的头发以及眼睛的颜色，看清楚他的五官，注意他的穿着，听听他谈话的语气。对他的外表及个性获得一份清楚、深刻而生动的印象，并把这份印象和他的姓名联想在一起。下一次当这些深刻的印象回到你的脑海中时，它们将协助你记起对方的姓名。

3.你不是也有过这种经验吗？

你和某人已见过两次或三次了，但你却发现：虽然你记得他是干什么的，

但就是记不起他的姓名。原因在于：一个人的职业是明确而固定的，它具有一种意义。它将像橡皮膏似的紧紧粘住你，而他那个没有意义的姓名，却像冰雹落在倾斜的屋顶一样，很快就滚落到地上，消失得无踪无影了。因此，要想增进你记忆别人姓名的能力，你可以想出一个形容的句子，把他的姓名和他的职业联想在一起。这种方法的效力毋庸置疑。例如，有20个彼此陌生的人，最近在费城的潘思运动员俱乐部集会。每个人都被要求站起来表明自己的姓名与职业。然后，发明一个句子把这两者联结起来。通过这种方式，在几分钟内，在场的每一个人都能把屋内其他人的姓名记住了。在经过多次这类的会议之后，他们的姓名与职业都未被其他人遗忘，因为这两者已被联结在一起，所以它们能被人牢记不忘。

下面是那群人中的几个姓名，按照字母顺序排列。在姓名后面的则是用来联结姓名与职业的句子：

Mr. G. P. Albrecht（砂石业）——"砂石令一切变得光亮（all bright）。"

Mr. W. Paybess（柏油制造）——"省钱（pay less）之路，柏油铺就。"

Mr. H. M. Biddle（羊毛纺织）——"Biddle先生piddles（经营）羊毛纺织。"

Mr. Giden Boericke（开矿）——"Boericke先生是bores（开）矿高手。"

Mr. Thomas Devery（印刷业）——"每个（every）人都找Devery印刷。"

第十二章
增强记忆的天然法则

Mr. O. W. Doolittle（汽车销售）——"不努力（Do little）就卖不掉汽车。"

Mr. Thomas Fischer（煤炭开采）——"他到处打听（fish for）买煤的客户。"

Mr. Frank H. Goldey（木材业）——"木头里面出黄金（Gold）。"

Mr. J. H. Hancock（《星期六晚邮》编辑部）——"把John Hancock的名字签在《星期六晚邮》订单上。"

4.时间记忆的方法。

要把某件事的具体时间牢牢记住，最好的方法就是和已经存在于记忆里的时间相联系。比如说，让一个美国人直接记住1869年是苏伊士运河开航的时间，不如告诉他，美国内战结束4年以后，苏伊士运河才开通航线，这样一来，他就能很轻松地记住这个时间。或者要求一个美国人记住澳洲于1788年设立第一个农垦区，就好像一颗松动的螺丝钉从汽车上脱落一样，他要不了一会儿就把这个时间数字抛在脑后。如果换一种方法，让他联想到1776年，那他可能会记得在美国独立宣言发表12年后，澳洲建立了第一个农垦区，这样一联想，就好像把螺钉和螺帽紧紧地拧在一起，很难忘掉了。

这种方法也适用于电话号码，我的电话号码就是美国独立的年份——1776，所有人都认为这号码太好记了。要是你能像我这样，选择有历史意义的年份作电话号码，诸如1492、1861、1865、1914或1918之类。而且当你告诉朋友时，也不能只是简单地说号码是1492，而要详细说明一下："我的电话号码是1492，就是哥伦布发现新大陆的那一年，多好记啊！"这么一介绍，还有谁会忘记吗？

至于其他国家的读者，你可以用本国重要历史事件的年份代替我上面所说的1776、1861、1865等。

下面这些年份，如何才能记忆深刻呢？

1564——莎士比亚出生了。

1607——在詹姆斯镇建立了英国第一块农垦区。

1819——英国王室添了一女，即后来的维多利亚女王。

1807——这是著名人物李将军的诞辰。

1789——人们捣毁了法国巴士底监狱。

假设你想按照加盟的顺序，来记住美国最早的13个州。如果采取死板的重复背诵的方法，你会觉得极为费劲。那我们不妨换一个更好的法子，用一个小故事把各州名连接在一起，那你只要花上很少的时间，就能毫不费力地记住了。现在，请你集中精神，照着下文读一遍，然后试着把13个州按照先后顺序说出来：

一个星期六的下午，一位来自特拉华州的年轻姑娘打算去外地度周末，就在宾夕法尼亚州的铁路公司订了一张火车票。她在皮箱里放了一件新泽西毛衣，来到康涅迪格州拜访好朋友乔治娅。第二天，她们一起去教堂望弥撒（也是马萨诸塞州的缩写），教堂位于马利的土地（意指马里兰州）。之后，她们驾车顺着南行车道（SouthCarLine与南卡罗莱纳州读音相近）回家。来自纽约的黑人厨师维吉尼亚准备了火腿作午餐。吃完饭后，她们又开车顺着北行车道（与北卡罗来纳发音相似），去岛上游玩。

5.把要点记清楚。

通常人们用两种方式思考，一种是"由外界刺激"引发，另一种就是和原本已知的事物产生关联。我们在演讲时，也常会用到这两种方式：第一种，依靠外界的刺激，比如讲稿、纸条等，可以提示你演讲的段落大意。可是，很明显，听众对握着纸条的演讲者不是很感兴趣。第二种，你

第十二章
增强记忆的天然法则

可以事先按照合理的顺序,把演讲的要点和你记忆中的某些事情联想在一起。从第一点可以自然地转换到第二点,然后是第三点,就如同打开一扇房门,走向相通的另一个房间。

不过,这第二种方法听起来容易,做起来却很难。尤其很多初试此法的演讲者,一时还克服不了自己的恐惧,无法用思考和联想来完成演讲。我还要教你一个小窍门,可以轻松地把演讲要点连接在一起,而且便于记忆。简而言之,就是把要点串联成一句没有实际意义的话。举例来说,你的演讲涉及不相关的各个方面,比如包括了牛、雪茄、拿破仑、房屋、宗教信仰。你可以试着把它们串联成一句荒诞的话:"老牛叼着一根雪茄,拦住了拿破仑,房屋被宗教信仰一把火烧光了。"

257

现在用手遮住刚才的句子，认真回答下列几个问题：第三点是什么？第五点呢？第四点？第一点是什么？

这是不是一个相当有用的法子？相信你已经体验到了。那就付诸行动，用它来加深你的记忆吧！

这种方法适用于几个以上的任意组合，把句子串联得越可笑越好，那样你的印象会更加深刻。

6.应急的办法。

假设：尽管一位演讲者事前已经做过周全的准备和预防，但他在向一群教友发表演讲的中途，突然发现自己脑中一片空白——他自己突然完全僵住了，茫然地望着他的听众，无法继续说下去——很可怕的一种情况。他的自尊心不容许他在思想混乱中坐下来。他认为自己还可以想出一点什么来，只要能给他10秒或15秒的时间。但是，即使你只在听众面前慌慌张张地沉默上15秒钟，那已经是很严重的事了。这种情况该怎么办呢？有位著名的美国参议员在遇到这种情况时，他立刻问他的听众，他说话的声音够不够大，最后几排的听众能不能听见他的声音。他早就知道自己的声音是足以让后排的听众听见的，他此举不是真的征求什么意见，而是在争取时间。在那短暂的停顿时刻，他立刻想起了要说的话，然后继续说下去。

但是，在这种心慌意乱的情况下，也许最好的挽救方法是：利用你最后一段话的最后那个字，或是最后那个句子或主题，作为新段落或新句子的开头。这将形成一条永无尽头的锁链，就像英国桂冠诗人但尼生笔下的小溪永远流个不停。我们来看看运用它的例子。我们假设有位演讲者正在谈论"事业成就"的问题，他在说完下面这段话之后，发现自己脑中突然变成了空白。

他说："一般的职员之所以无法获得升迁，主要是因为他对他的工作

第十二章
增强记忆的天然法则

没有真正的兴趣,表现不出进取的精神。"

那么我们就以"进取的精神"来作为一个句子的开头。你可能不知道你将会说些什么,或将如何结束这个句子,但是,不管怎么样,起个头。即使表现得很差劲,也总比承认失败要好得多。我们试试。

"进取的精神就是主动性,自己主动去做某件事,而不是等待别人的吩咐。"

这不是很聪明的说法,也不会在演讲史上名垂千古。但这不是比痛苦的沉默要好得多吗?

接下来,这一句话的最后几个字是什么?——"等待别人的吩咐"。那好吧,我们再利用这个观念来造个新句子吧。

"不断吩咐、指示和驱使那些拒绝从事任何主动进取的公司职员,是最令人感到愤怒的事,也是令人难以想象的事。"

这不,又完成一段了。我们再继续吧,这一次我们必须谈谈想象了。

"想象——这就是我们所需要的。所罗门说:'没有幻想的地方,就没有人类的存在。'"我们已经顺利地说完两段了。现在我们可以振作起精神,继续下去:

"每年在商业战斗中被淘汰的公司职员人数,真是令人感到悲哀。我说悲哀,因为只要多一点点忠诚,多一点点进取心,多一点点热诚,这些被淘汰的男女员工就能使自己跨越失败,走向成功。然而,失败者永远不会承认这是他们失败的原因。"

如果继续进行下去……但演讲者在说出这些滥竽充数的词句的同时,应该努力去思索他原来准备的下一要点,想出他原来打算要说的话。

这种没有结束的连锁性思考方法,如果延续下去,是可以拖得很长,而可能使演讲者和听众讨论起梅子布丁和金丝雀的价格。不过,对于因为遗忘而暂时失去控制的受伤的头脑来说,这的确是最好的急救方法,而且也真的挽救过许多演讲。

7.人的记忆力是有限的。

我已经说过怎样增加"获得生动印象""重复"以及"把我们的事实联系在一起"的方法。但记忆力基本上是联想的过程,和詹姆斯指出的一样:"一般性或基本的记忆力是无法增强的,我们只能加强对有特别意义可以联结在一起的事的记忆力。"

例如,每天记忆一段莎士比亚的名句,可能把我们对文学名句的记忆力增加到某一种惊人的程度。每一个名句在进入我们的脑海后,都会发现那儿有许多内容可以彼此结合在一起。但是,把从哈姆雷特到罗密欧的所有莎士比亚作品全部背下来,也不一定能帮助我们记得棉花市场的价格或炼铁过程这类事实。

我最后再强调一点:如果我们配合使用本章中所讨论的这些自然法则,是可以改善我们记忆任何事物的"方法"和"效率"的。但是如果我们不运用它,就算记住了有关棒球的一千万项事实,对于我们所记忆的股票市场,也没有一丝一毫的帮助。这种不相关的资料是不能联想在一起的。

大师金言

"基本上,我们的头脑是一架联想的机器。"你的联想力越丰富,记忆力就会越好。